常用歇后语5000句

陈丙合 陈昱州 编著

中国农业出版社

图书在版编目（CIP）数据

常用歇后语5000句 / 陈丙合，陈昱州编著.—北京：中国农业出版社，2016.11（2019.2重印）
ISBN 978-7-109-22192-5

Ⅰ.①常…　Ⅱ.①陈…②陈…　Ⅲ.①汉语-歇后语-汇编　Ⅳ.①H136.31

中国版本图书馆CIP数据核字（2016）第236868号

中国农业出版社出版
（北京市朝阳区麦子店街18号楼）
（邮政编码 100125）
策划编辑　赵　刚
文字编辑　张　岩

北京中兴印刷有限公司印刷　新华书店北京发行所发行
2016年11月第1版　2019年2月北京第2次印刷

开本：850mm×1168mm　1/32　印张：7
字数：140千字
定价：18.00元

前言

歇后语是广泛流传于群众中的口头语，它主要来源于人民的社会生活和日常生活，有少量来源于历史典故、神话、传说、成语等。歇后语的语言音律和谐，富于想象、幽默风趣、形象生动、具有强烈的生活气息，深为群众喜闻乐见。

歇后语由前后两部分组成。前一句是个比方，说出一个事物，像是谜语的“谜面”；后一句是对前一句比方的解释，像是谜语中的“谜底”，它是该歇后语的本意所在。歇后语在使用时，一般只说前部分的比方，后面部分往往不说出来，让别人通过前部分的比方去理解它的本意所在。歇后语也因此而得名。

歇后语按表现形式分喻意歇后语和谐音歇后语两种类型。喻意歇后语前一句是一个比方，后面的部分是对前部分比方的解释，是该歇后语的本意。例如：“老虎屁股——摸不得”；“过街老鼠——人人喊打”；“狗咬耗子——多管闲事”；“铁匠办事——就知道打”；“泥菩萨过河——自身难保”；“竹筐里担水——两头空”。

谐音性歇后语前面的句子也是一个比方，它的后面部分是借助同音字或近音字造成双关语。例如：“十冬腊月生的——动（冻）手动（冻）脚”；“孔夫子搬家——净是输（书）”；“半天云里吊口袋——装疯（风）”；“砍断的柳树——

死不甘（干）心”；“苍蝇采花——装疯子（蜂子）”；“东边太阳西边雨——一方有情（晴），一方无情（晴）”。前列的谐音类歇后语利用同音“冻”、“动”；“书”、“输”；“风”、“疯”；“晴”、“情”等形成双关语。在讲话或写文章时恰当使用歇后语，可以克服语言干巴死板，枯燥无味的毛病，从而使语言生动活泼，饶有趣味，增强讲话或文章的感染力和生活气息，具有良好的表达效果。

本书收集生活中常用的歇后语5000多条，涉及到人们的社会生活、文化生活和日常生活等许多领域，适合广大城乡读者阅读和选用。正文按歇后语的第一字的笔画为序进行编排；第一字笔画相同的歇后语则按第一字起笔相同者予以归类编排，如五画中先排第一字“横”起笔的“打”、“东”、“甘”、“龙”、“巧”、“去”、“石”、“玉”、“正”，之后排第一字“竖”起笔的“叫”、“四”、“田”。以此类推，再排其他第一字笔画相同的歇后语。全书选用的歇后语的第一字按上述的方法在目录中均有标注，请读者对照查阅。

陈丙合

2016年10月

目录

（按歇后语首字笔画为序）

一　画

一三五七九——尽出奇（奇数）

一三五七九——尽单（单数）

一巴掌打烂个犁面——结实手

一把鼻涕——不能提

一把柴火不拾——烧啥

一把柴烧熟百斤肉——会烧

一把钢针撒心窝——扎扎刺刺的痛

一把利剑藏袖筒——不露锋芒

一把箩筛子——净是缺点

一把盐撒在油锅里——乱炸

一把钥匙开一把锁——对口

一把抓住鸡头——净冠

一群耗子围着个死猫——没个敢下嘴的

一千只麻雀炒一锅——多嘴多舌

一千只麻雀脑袋包饺子——嘴对嘴

一千钱缠腰里——四个二百五

一百斤米做稀饭——难熬

一百个和尚念经——异口同声，又说众口一词

一百个人当家——不知听谁的

一百个老鼠咬猫——没一个敢开口

一百老鼠拉张犁——乱了套

一百个斧子劈不开——心眼太死

一百岁嫌命短——活不够

一百岁养儿子——难得

一百五十个钱放印子——够折腾的

一背篓木橛橛——找不出个好材料

一辈子不出嫁——老闺女

一辈子不剃头——连毛儿僧

一辈子卖蒸馍——受不完的气

一辈子守寡——没福（夫）

一池清水三只藕——数得着的

一尺木头劈四开——一点不大方

一篮鸡蛋打地下——没有一个好的

一滴水滴在油瓶里——真巧

一斤的酒瓶装十两——正好

一斤面蒸一斤馍——没有胀

一斗谷子九升米——康熙（糠稀）

一斗谷子九升糠——无米

一斗炒米泡一斗——没长（胀）

一斗面烙个饼——厚道

一斗芝麻拈一颗——有你不多，没你不少

一堆乱树枝——七枝八杈

一囤萝卜——个个是头

一朵月季花开路边——刺儿头

一分钱买酱油——难会（烩）

一分钱买十一个杏子——分文不值

一个钉子一个眼——扣对扣

一个半斤一个八两——没有两样

一个母牛生的犊——一样

一个蚕儿吐两条丝——思（丝）路不对

一个葫芦锯俩瓢——没什么两样

一个被踩烂的毒菌——浑身冒坏水

一个西瓜切九块——四分五裂

一个轱辘的车——翻啦

一个锅里抡马勺——哪有不磕碰的时候

一个锅里吃饭——何必分彼此

一个锅里蒸的——没有两样

一个锅里摸勺子——彼此了解

一个染缸的布——同样货色

一个葫芦两个把把——谁家小两口不啦呱

一个花生俩仁——一块儿来的

一个黄豆发俩芽——能斗（豆）

一个坑里的泥鳅——一路货色

一个坑里的蛤蟆——跟着哇哇

一个师父一路拳——各有各的打法

一个驴屎蛋卖十元——难受（售）

一个萝卜一个坑——实心实眼

一个萝卜三个坑——留有余地

一个皮球踢上了天——没拦没挡的

一个人打老虎——心有余而力不足

一个人演滑稽戏——唱独角戏

一个人一把号——各吹各的调

一个水洞里的泥鳅——都够滑的

一个铜板买韭菜——一小撮

一个指头和面——不是和，而是捣

一个桩上拴两头牛——一个不让一个

一个嘴想吞三个馒头——贪多难嚼

一人一面锣——各敲各的

一天下了八场雨——无情（晴）

一天下了三场雨——少情（晴）

一天三刮络腮胡——你不叫我露脸，我不叫你露头

一根筷子吃藕——专挑眼儿

一根筷子吃面——独挑

一根筷子拣花生——挑拨

一根筷子捅喉咙——张嘴吼

一根桩上拴两头牛——互不相让

一根肠子通到底——直性子人

一根干草喂牛——枉嚼舌头

一根马尾做琴弦——不值一弹

一根棒槌擂鼓——不对

一根绳子拴两个蚂蚱——飞不了你，也蹦不了他

一根绳子拴两个灶鸡——没得哪个跑得脱

一根头发系磨盘——千钧一发

一根针上引两股线——使不得

一锹挖出个金娃娃——异想天开，又说想入非非

一锅翻花的米肉粥——稀巴烂

一锅滚沸的开水——热气可高呢

一锅粥打翻在地——收不了场

一锅滚油倒上了凉豆子——噼哩啪啦

一伙哑巴在一起——指手画脚

一家子五更（晨三至五时）里吃包子——没外人

一跤跌在干沟里——不湿

一脚踏进云端里——一步登天，又说青云直上

一颗心掰成八瓣儿——操碎了心

一口吃个大胖子——办不到

一口吃二十五个老鼠——百爪挠心

一口吃个酸茄子——思（撕）也不思（撕），想（响）也不想（响）

一口吃了十二只饺子——好大的胃口

一口吃几个生大蒜——辣在心头

一口吃了十二个包子——好大的胃口

一口吃下扁担——横了心

一口气喝一斤酒——牢骚（醪糟）满腹

一口吞个秤砣——铁了心了

一口吞仨馒头——贪多嚼不烂

一口吞了二十五只小兔——百爪挠心

一口吞个星星——想得高

一口吞下匕首——伤透心肠

一口吞只热红薯——咽气又烧心

一口咬断铁钉子——嘴上功夫

一块板子做扇门——一点缝儿都没有

一块黄连吞下肚——苦到心里

一块石头掉地下——放心了

一块冰咽进肚里——凉透了

一块肥肉三条狗——争红了眼

一块抹桌布——尝尽了苦辣酸甜

一块湿劈柴——再点也烧不起来

一毛钱买筐杏——都是烂货

一亩地一棵谷——单根独苗

一盆冷水浇脑门——从头凉到脚

一盆冷水浇上头——冷了大半截

一屁股坐在铜锣上——蹲得响

一屁股坐到铡刀上——有切肤之痛

一群蟹子过街——横行霸道

一群老鸦朝南飞——一模一样

一手拉四个牦牛——有两句（犋）

一手拿斧子，一手拿扇子——连骗（劈）带扇

一手抓泥鳅，一手逗黄鳝——两头要滑

一手拿喇叭，一手托皮球——吹吹拍拍

一桶水掺两斤土——和稀泥

一头跌在菜刀上——切肤之痛

一头栽在阎王怀里——冒失鬼

一头钻进烟囱里——弄了一脸灰

一张纸画个鼻子——好大的面子

一丈二尺的扁担——摸不着头尾

一只鸡拴在门槛上——里外叨食

一只麻雀上了秤——不够斤两

一只螃蟹十只爪——手脚多

一只眼睛看报——睁一眼，闭一眼

一只手拿仨大钱——一是一，二是二

二　画

二三四五六七八九——缺衣（一）少食（十）

二八月的天气——忽冷忽热，又说不冷不热

二八月的庄稼——青黄不接

二八月干活——不冷不热

二月里的菜薹子——长了心

二月的春雷——响得很

二月间的闷雷——想（响）得早

二月割韭菜——头一刀

二月间的桃子——不熟

二月间扇扇子——春风满面

二月间的青蛙——呱呱叫

二九天穿单褂——威风不起来

二月去了八月来——不冷不热

二齿钉耙锄地——有两下子

二大娘肿脸——难看

二大妈抱个丑娃娃——人家不夸自己夸

二大妈的针线包——杂七碎八

二杆子做活——傻干

二姑娘的针线包——花色多

二姑娘上轿——忸忸怩怩

二姑娘绣荷包——细功夫

二姑娘拜年——只有你的席坐，没有你的话说

二姑娘拍豆角——手疾眼快

二姑娘架老鹰——招架不住

二郎神出战——尽是天兵天将

二郎神吹笛子——神吹

二郎神的慧眼——有远见

二郎神的狗——不咬穷人

二两棉花十张弓——谈（弹）不得，又说无法谈（弹）

二流子烧香——信不得，又说鬼都不信

二流子学徒——混日子

二流子打鼓——吊儿郎当

二小子穿大褂——规规矩矩

二小子不拉纤——顺水推舟

二小子丢钱包——傻了眼

二心的夫妻——迟早要散，又说同床异梦

二板斧子砍不透的脸——厚得出奇

二尺布做裤衩——两头顾不上

二大爷娶媳妇——没你的事

二分钱的羊肉——不大点儿

二分钱买个二胡——要腔没腔，要调没调

二两麦子摊煎饼——摊不着你

二更梆子打两下——正是时候

二胡拉出笛子调——弦外之音

二婚嫂离家——回头难

二斤鸭子三斤嘴——没吃头

二两棉花一把弓——细谈（弹）

二牛打架——角顶角

二愣子当演员——胡闹台

二愣子做活——猛一阵儿

二愣子报丧——慌里慌张

二亩地不种——慌（荒）了

二亩地不耕——罢（耙）了

二亩半地一根豆角——独个一条

二百亩地——两清（顷）

二百钱买挑菜——两难（篮）

二百钱开个豆腐店——周转不开

二百五上天——痴心妄想

二百五赶场——别人买啥他买啥

二十亩地一棵谷——单根独苗

二十五只耗子拉犁——乱了套

二小子宰猪——不听你哼哼

二一添作五——对分

二齿钩子搔痒——是把硬手

二分钱开个店——穷张罗

二两铁打大刀——不够料

二十四天不出鸡——坏蛋

二十七的月亮——有点儿盼头

二十八的月亮——连点儿影都没有

二十八岁大姑娘——享（想）福（夫）了

二十九过年——小劲（进）

十八般武艺全使出来——大显身手

十八大姐进桑园——为的私（丝）

十八大姐挑担杏——两难（篮）

十八亩地一棵谷——独根独苗

十八口子打死个老鼠——人多心齐

十八岁的姑娘当媒人——人不说你，你还说人

十冬腊月生的——动（冻）手动（冻）脚

十冬腊月掉到冰窟窿里——从头凉到脚

十冬腊月借扇子——火气太大

十二点钟的太阳——到自己头上了

十二月的萝卜——冻（动）了心

十二月间的桑叶——谁人睬（采）你

十二月里讲话——冷言冷语

十二月吃鸭梨——透心凉

十二月吃冰棒——叫人寒心

十二月落大雪——白天白地

十二月的蛤蟆——开不得口

十二月种芋头——门外汉

十二月种麦子——不是时候

十二月树上的柚子——一碰就落

十文钱掉一文——久闻（九文）

十个沙锅滚下山——没有一个好的

十个婆婆拉家常——说长道短，又说七嘴八舌

十个老鼠围个猫——都想送死

十个指头弹钢琴——互相配合

十个手指头按跳蚤——一个也捉不住

十个指头压着十块银元——一个也拿不起

十里渡船喊得来——一张好嘴

十年的旧棉袄——里外都不好

十年等个闰腊月——机会难得

十五个吊罐打水——七上八下

十五的月亮——圆又圆

十五个人聊天——七嘴八舌

十五个盘子上菜——七荤八素

十五根秫秸当标杆——七长八短

十五个珠子断了线——七零八落

十五块板子做桌面——七拼八凑

十五面铜锣一齐敲——七想（响）八想（响）

十一个人走路——人五人六

十月的卷心菜——心（芯）里有心（芯）

十月的丝瓜——满肚子私（丝）

十月的芥菜——齐（起）了心（芯）

十月的橘子——该红了

十月的鸡冠花——老来红

十月的甘蔗——甜到头

十月的螃蟹——横行不了几天

十月中的柿子——烂货

十只麻雀炒一盘——多嘴

十字大街贴告示——众所周知，又说有目共睹

十字路口遇亲人——巧相逢

十字路口打锣——四方闻名（鸣）

十字路口开饭店——四方吃得开

十字路口种芭蕉——四处多交（蕉）

十字路口迷了向——不知走哪条路

十字街头迷了向——糊涂东西，又说不知去向

七被二除——不三不四

七棵树栽两行——不三不四

七个人站两行——不三不四

七个人聚会——三朋四友

七个矮人睡一头——低三下四

七根棒槌堆一堆——颠三倒四

七个和尚打一把伞——难遮盖

七个婆婆拉家常——说三道四

七根竹竿掉猪圈——横三竖四

七两放在半斤上——只差一点儿

七十岁老汉坐摇篮——老天真

七十岁婆婆学绣花——老来发奋

七仙女走娘家——云里来，雾里去

七月的荷花——红不了多久

七月的核桃——满人（仁）儿

七月的黄瓜——皮老心不死

七月的高粱——拔节长

七月的生柿子——难啃

七月割禾——太早

七月七牛郎会织女——一年一度

七月七的夜——星连星

七尺汉子六尺门——不得不低头

七尺缸里捞芝麻——功夫不小

七擒孟获——叫他口服心服

七仙女嫁董永——采取主动

七八月的南瓜——皮老心不老

七八月的高粱——红透了

七八月的葡萄——一串一串的

八百亩地的一棵苗——独生，又说稀奇

八百钱开当铺——支撑不久

八百吊钱掉井里——难摸哪一吊

八百年前的枫树蔸——顽固不化

八百年前立的旗杆——老光棍

八宝饭掺糨糊——糊涂到一块儿了

八宝饭上撒胡椒——又添一味

八哥儿学舌——装人腔，又说说人话不办人事

八哥的嘴——爱叫，又说学人说话

八哥儿的嘴巴——专说二话

八哥儿啄柿子——专拣软的欺（叨）

八个歪头坐一桌——谁也瞧不起（齐）谁

八个老汉划拳——三令五申（伸）

八股细麻拧成绳——劲在一块

八级木匠学技术——精益求精

八级泥水匠——抹得平

八十老汉赛干劲——老当益壮

八十老汉吹笛——气短

八十老汉害个摇头病——不由人愿，又说由不得人

八十老汉弹琵琶——老生常谈（弹）

八十岁演员扮孩子——返老还童

八十岁老汉担石头——心有余而力不足

八十岁的老奶奶——老掉牙啦

八十岁跳舞——老天真

八仙桌打掌子——四平八稳

八仙桌上放盏灯——明摆着

八仙过海——各显神通

八仙聚会——神聊

八月的湖水——涨得快，凉得也快

八月的石榴——合不上嘴

八月桂花开——到处飘香

八月的黑桃——满人（仁）

八月的莲藕——又鲜又嫩

八月的柿子——红透了

八月的芝麻——满顶

八月里的黄瓜棚——空架子

八月十五的月饼——人人欢喜，又说圆又圆

八月十五的月亮——年年都一样，又说又圆又亮

八月十五吃年饭——还早

八月十五吃元宵——认错了节

八月十五吃粽子——不是时候

八月十五吃饺子——破了常规

八月十五过端阳——晚了，迟了，又说不识节俗

八月十五看龙灯——晚了大半年

八月十五团圆节——一年一回，又说年年都要过

八月十五送月饼——赶在节上

八月十五卖门神——太早

八月十五桂花香——花好月圆

八月十五云遮月——扫兴

八月十五种花生——瞎指挥

八辈子的老陈账——说不清

八寸脚穿七寸鞋——别别扭扭，又说难受

八只脚的螃蟹——横行霸道

八字不见一撇——没眉目，又说差得远

九毛加一毛——时髦（十毛）

九牛爬坡——个个出力

九牛一毛——微不足道

九霄云外——天外有天

九斤重的公鸡——官（冠）高势大

九个鸡蛋掉地上——四分五裂

九月的南瓜——皮老心不老

九月的石榴——闭上嘴了

九月九上山——登高望远保健康

九月里的甘蔗——一节比一节甜

三　画

三更半夜出世——亥时（晚九至十一时）人

三更半夜出太阳——稀奇事

三更天做梦——昏头昏脑，又说昏昏沉沉

三百减五十——二百五

三花脸唱戏——出丑

三花脸戴上英雄巾——硬充好汉

三尺梯子上楼房——高不可攀

三斧头砍不入脸——好厚的脸皮

三分钱的胡椒粉——一小撮

三分钱开个豆腐店——本钱不大，架子不小

三伏天吃冰棍——凉了心

三伏天的冰块——见不得太阳

三伏天的庄稼——一天变个样

三伏天的高粱苗——一节节往上升

三伏天的吃西瓜——痛快

三伏天穿棉袄——乱了套

三伏天下雨——雷对雷

三伏天的雷阵雨——一会儿的事

三伏天生炉子——热上加热

三伏天吹西北风——莫名其妙，又说不可思议

三伏天的风——一会西，一会东

三伏天的隔夜饭——肮脏货

三伏天的狗——上气不接下气

三伏天孵小鸡——坏蛋多

三伏天喝冰水——美滋滋

三个鼻子眼——多出你这口气

三个老鼠拜年——一年不如一年

三个人说两句话——哪里轮得到我

三个泥菩萨打烂做成两个——你中有我，我中有你

三个钱当两个钱卖——不图赚钱只图快

三个手捉田螺——十拿九稳

三根粪叉支案板——摆臭架子

三根麻花进肚儿——净说拧劲的话

三棍子打不出个屁来——太老实

三间房子两头住——谁也不认谁

三斤半干饭没吃饱——饭桶

三张纸画个鬼脑壳——给脸不小了，又说好大的面了

三斤面粉调七斤油——稀里糊涂

三九天卖凉粉——不识时务

三九天开桃花——稀奇古怪

三九天淋冷水——从头凉到脚

三九天的萝卜——冷了心

三九天吃冰棍——冷暖自知

三九天的冰棍——又硬起来了

三九天穿单褂——抖不起威风

三九天的豆腐干——冷冰冰，硬邦邦

三九天掉进冰窖里——直打冷颤

三九天谈心——冷言冷语

三两棉花四两线——你去纺纺看

三门峡的石峰——中流砥柱

三十亩地一棵谷——单根独苗

三年等个闰腊月——总有那一天

三年不下雨——久情（晴）

三年不种花——道（稻）地

三年陈账——还翻它做什么

三年没人登门槛——孤家寡人

三钱不值俩钱卖——败家子

三十、初一吃饺子——都一样

三十斤干饭没吃饱——十足的饭桶

三十晚上吃年饭——没得外人

三十晚上嫁女——托福求财

三十晚上的粑粑——人有我有

三十岁进养老院——享受太早

三十晚上贴福字——倒贴

三十晚上逼债——年关难过

三十晚上吃鱼儿——有头有尾

三十晚上的爆竹铺——有多少卖多少

三十晚上的案板——没得空儿

三十晚上买门神——不能再迟了

三十晚上杀母猪——供不了神，又害死一条命

三岁的小孩看戏——凑热闹

三岁娃娃学琵琶——谈（弹）何容易

三天不喝水吃一颗杨梅——又痛快又不过瘾

三天吃六顿——穷开心

三天卖不出去的猪下水——心肠坏

三月间扇扇子——春风满面

三月间的蛤蟆——呱呱叫

三月种薯四月挖——你的根底我知道

三月的白薯四月挖——没有几根薯

三月的蚕豆花——黑了心（蕊）

三月的菜薹——早齐（起）了心（蕊）

三月的豆角——角嫩

三月的黄瓜——有点儿嫩

三月的禾苗——越长越兴旺

三月的樱花——红不了多久

三月的布谷鸟——催农民快春耕

三月的风筝——越放越高

三月里生孩子——春天（添）

大门上的对联——红一对

大门上插秧——有门道（稻）

大风地里点灯——难看（堪），又说点不着

大风天的油灯——吹了，又说自己灭

大风地里吃炒面——张不开

大风刮蒺藜——连风带刺

大风刮羊圈——飞扬跋扈（飞羊拔户）

大水缸里捞芝麻——难找

大水冲了龙王庙——一家人不认一家人

大石沉海——一落千丈

大象口里拔牙——难办，又说胆子不小

大路上的电杆——靠边站

大米的弟弟——小米

大雁跟着飞机跑——落后，又说跟不上

大白天的猫头鹰——睁眼瞎

大哥莫说二哥——其实差不多

大炮的性子——爱轰

大炮打苍蝇——大材小用

大炮筒子——不会拐弯，又说直来直去

大白公鸡下花花蛋——离奇，又说不可能的事

大白天打劫——明目张胆，又说胆子太大

大刀斩小鸡——小题大作，又说大材小用

大粪车出村——装死（屎）

大缸里摸鱼——跑不了，又说十拿九稳

大姑娘拜天地——头一回

大姑娘的心事——摸不透

大姑娘想婆家——难开口，又说不好意思说

大姑娘坐花娇——头一回，又说迟早有一次

大姑娘相亲——羞羞答答

大海的潮水——时起时落

大海里的浪涛——波澜壮阔

大海里捞针——找不着，又说白费工夫

大家同唱一个调——异口同声

大家看电影——有目共睹

大路旁的小草——有你不多，无你不少

大路上栽葱——白费工夫，又说白费劲，还说枉费工

大街上的红绿灯——有目共睹

大麦芽做饴糖——好料子

大门口的春联——年年有

大雁东南飞——趾高气扬

大雾天看山峰——渺茫

大年初一串门——见人就作揖

大年初一拜年——你好我也好

大年初一翻皇历——头一回

大年初一见了面——尽说好话

大年初一看历书——日子长哩

大年三十的烟火——万紫千红

大年三十晚上熬稀粥——年关难过

大热天吃炒豆——干脆，又说干干脆脆

大人不记小人过——宽宏大量

大蒜剥皮——层层深入

大蒜调冻豆腐——难办（拌）

大网捕小鱼——劳而无功，又说白费时间

大雾天放鸭子——有去无回

大象的鼻子——能屈能伸

大象嘴里拔牙——胆子太大，又说好大的胆子

大丈夫的肚量——能屈能伸

大字丢了横——冒充人，又说装人样

干池塘里的青蛙——盼下雨

干辣椒——串起来了

干柴遇烈火——一点就着

干打雷不下雨——虚张声势，又说有名（鸣）无实

干河里撒网——瞎张罗

干河滩撒网——空扑一场

干旱的庄稼——没有收

干河沟的鱼——跑不了

干萝卜缨熬汤——无味

干塘里的鲤鱼——蹦跶不了几天

干塘里的泥鳅——滑不到哪里去

干塘抓野鱼——见者有份

干活打瞌睡——迷迷糊糊，又说偷懒

土拨鼠冒充老鹰的骨架——胆子大

土虫不咬蛴螬——都是土里的邻居

土地是农民的命根子——千真万确

土地爷捕蚂蚱——慌了神

土地老儿放屁——神气十足

土地公公跑到河里——不守本分

土地爷被虫蛀了——自身难保

土地公和土地婆——孤寡一对，又说天生的一对

土地爷喊城隍——神乎（呼）其神

土地老爷洗澡——一摊稀泥

土地爷离了庙——神不守舍，又说不坚守岗位

土豆子搬家——滚蛋

土豆儿变地瓜——成了白数（薯）

万年古树千年蕉——粗枝大叶

万岁爷掉进井里——捞不起大驾

万丈崖上的野葡萄——够不着，又说只能看，不能说

下种不出苗——坏种

下巴底下支砖头——难开口

下巴底下支小锅——吵（炒）嘴

下大雪找蹄印——罕见，又说白费劲

下大雪站院坝——淋到头上了

下饺子的水——滚开

下了河的鸭子——一步赶不上一步

下棋的小卒儿——叫到哪，就到哪

下水放船——一帆风顺

下雪穿皮袄——冷不防

下雪天穿裙子——美丽又动（冻）人

下雪天喝冷水——凉透啦

下雪天打兔子——白跑

下雪天摘帽子——动（冻）脑筋

下雨背稻草——越弄负担越重

下雨扛棉被——越背越重

下雨天出太阳——假情（晴）

下雨天打灯笼——照应（阴）

下雨天打雷——想（响）到云

下雨天打麦子——收不了场

下雨天拉稻草——越拖越重

下雨送蓑衣——帮了大忙

下雨天走路——拖泥带水

口袋里盛米汤——装糊涂

口袋里装西瓜——干净利落

口袋里抓粑粑——黏上了

口袋里捉兔子——跑不了，又说十拿九稳

口袋里装王八——窝脖货

口袋里装锤子——锋芒毕露

口含花黄连——有苦难言

口含棉花——说得轻巧

口渴吃莲蓬——越吃越甜

口水流到肚脐上——垂涎三尺

口吞擀面杖——横了心

口吞火炭——心急如焚

口渴碰到清泉水——正合适

口渴才打井——来不及了

山蚕作茧——束手束脚，又说自己管（关）自己

山顶上唱歌——高腔高调，又说四方闻名（鸣）

山顶上乘凉——占上风

山顶上的辣子——红透了

山顶上放爆竹——想（响）得倒高

山顶上的蘑菇——根子硬

山顶上的高音喇叭——远近闻名（鸣）

山顶上打井——枉费工

山顶上打鼓——名（鸣）声远扬

山顶上煮稀饭——高傲（熬）

山顶上放粪桶——臭气远扬

山沟的石头——变不成鸡蛋

山沟里的狐狸——又馋又狡猾

山沟里的田鸡——目光短浅

山沟里的蚂蟥——叮住不放

山沟里的人家——稀稀拉拉，又说就这几家

山谷里喊话——一呼百应

山鸡变孔雀——长俊啦，又说变美了

山上的茅草——心中没数

山里的五步蛇——最毒

山里的鹰——真叼（雕）

山麻雀相会——叽叽喳喳

山猫子进宅——没有好事

山上倒水——下流

山上开梯田——步步高

山头上对歌——一唱一和

山崖上的野葡萄——一提一大串

山崖上滚蛋——没有一个好货

山羊打架——钩心斗角

山羊见了老虎皮——望而生畏

山羊拉车——不听你这一套，又说不走正道

山羊额头的肉——没多大油水

山羊拴在竹园里——胡缠

山羊钻篱笆——进退两难

山中的野猪——嘴巴子厉害

山中的野芋头——个个麻

山中的楠竹——不实心（芯）

山间竹笋——嘴尖皮厚腹中空

上朝不带奏折——忘本

上房打秋千——死开心

上房拆梯子——不留后路

上坟不烧纸——惹老祖宗生气

上坟不带供品——哄死人

上供的馒头——五个一摞儿

上海的鸭子——呱呱叫，又说跑得快

上架的大瓜——吊起来了

上架的葡萄——一串串的

上轿现扎耳朵眼儿——临时忙活

上街打警察——没事找事

上梁请铁匠——找错了人

上梁不正——下梁歪

上炕不点灯——瞎摸

上了笼头的骡子——踢腾不开

上了山顶想飞天——贪心不足

上了市的糖葫芦——成串

上了市的乌龟——缩头缩脑

上了市的猪——捆上了

上了膛的子弹——一触即发

上了套的野牛——不由自主，又说由不了自己

上了套的猴子——由人摆布

上了套的牲口——由不得自己

上门买卖——不做不成

上山背毛竹——顾前不顾后

上山背石头——真笨，又说笨得出奇

上山打鸟——见者有份

上山打老虎——高名在外

上山打杏核——全是苦人（仁）

上山钓鱼——呆子，又说傻瓜

上山刨黄连——自讨苦吃

上山捉鳖——没处寻，又说难办的事

上树打跟头——爬得高，跌得重

上树捅马蜂窝——自找麻烦

上天的气球——飘飘然

上天摘月亮——痴心妄想

上天摘星星——异想天开

上屋的螃蟹——横行到家了

上午栽树，下午乘凉——急不可待

上午栽树，下午取材——急于求成

上弦的月亮——两头奸（尖）

上眼皮只看下眼皮——目光短浅

上眼皮长瘤子——碍眼

上嘴唇顶天，下嘴唇挨地——不要脸

上有金木，下有水土——还差火

久旱逢干雨——人人喜欢

久旱无雨——水落石出

千里送鹅毛——礼轻情义重

千里搭长棚——没有不散的筵席

门缝里看人——把人看扁了

门缝里看天——目光狭小

门上的封条——扯不得

门后面的扫帚——专拣脏事做，又说备用

门背后挂死人——提心吊胆

门旮旯打拳——拉不开架势

门旮旯的扁担——想要就拿，又说备用

门脚上砍稻草——一刀两断（段）

门槛砸核桃——崩了

刀尖上翻跟头——玩命

刀背砍人——吓吓你

刀割韭菜——一茬一茬的来

刀切萝卜——嘎崩脆，又说一刀两断

刀切大葱——两头空

刀下的绵羊——任人宰割，又说随人宰割

刀子插进胸口——伤心

刀子切元宵——不愿（圆）

刀子嘴，豆腐心——嘴硬心软

马背上看书——走着瞧

马尾巴提豆腐——串不起来

马蜂的屁股——碰不得

马槽里的苍蝇——混饭吃

马路边上的痰盂——人人吐

马尾做弦——不值一谈（弹）

马打架——看题（蹄）

马打架用嘴——顾不上脸面

马拉独轮车——说翻就翻

马后炮——弄的迟了

马尾搓绳——用不上劲

马蜂窝——捅不得

马鞍子放到驴背上——不对号

马屁股上钉掌——离题（蹄）太远

马脖子上的串铃——叮当响

马槽里没马——驴当差

马驹子拉磨——不顺手

马驹子驮人——第一次

马拉车牛驾辕——不合套

马路不拐弯——正直公道

马路上开车不拐弯——走得正，行得直

马屁股上的苍蝇行千里——借别人的力

马桶做锅盖——又脏又臭

马桶倒进臭水沟——同流合污

马勺里淘米——滴水不漏

马勺掏耳朵——下不去

马食槽边点盏灯——照料

马蹄刀劈柴——使用不当

马王爷的眼神——捉摸不定

马尾巴穿胡萝卜——粗中有细

马戏团的小丑——走过场

马捉老鼠——不务正业，又说没事找事

飞蛾扑火——自送死，又说自取灭亡

飞机的尾巴——翘得高

飞机上挂口袋——装疯（风）

飞机上挂暖壶——水平（瓶）高，又说高水平（瓶）

飞机上打跟头——拿命当儿戏，又说玩命

飞机上吹喇叭——想（响）得高

飞机上钓鱼——手伸得太长

飞机上写文章——空话连篇

飞机上挂粪桶——臭名远扬

飞机上购物——高消费

飞机上做衣服——高才（裁）

飞机上开会——高谈阔论

飞机上看海——水平太低

飞机上扔石头——一落千丈

飞机上跳伞——从天而降

飞机上亮相——高姿态

飞机打飞机——空对空

飞进林子里的鸟——抓不住

飞了鸭子打了蛋——两落空

乡下人不懂天文——见风就是雨

乡下的姑娘城里人打扮——半土半洋

乡下的伢儿上大街——看花了眼，又说不知走哪条路

乡下人看告示——一篇大道理

小和尚念经——有口无心，又说没人听

小姑娘梳头——自便（辫）

小草鱼赶鸭子——送死

小车掉到泥潭里——进退两难，又说寸步难行

小车揽大载——心有余而力不足

小车子走马路——没辙

小虫遇上蜘蛛网——越挣越紧，又说自投罗网

小虫子啃沙梨——暗里使坏

小青葱拌豆腐——一清（青）二白

小鼎锅炖大牛头——胃口不小

小二姐唱歌——娇声娇气

小二姐掉进冰窝里——凉了半截

小二姐捧个肉汤盆——又怕泼，又怕烫

小二姐上楼梯——步步有坎，又说步步高升

小两口观灯——又说又笑，另说夫走妇随

小两口演二人转——妇随夫唱

小炉匠补锅——将就过日子

小炉匠补碗——修瓷

小炉匠的家私——破铜烂铁

小孩吃甘蔗——尝到甜头

小孩吃糖果——越嚼越有味儿

小孩吃黄连——叫苦连天

小孩吃泡泡糖——吞吞吐吐

小孩儿的脸——一会儿哭，一会儿笑

小孩儿放焰火——天花乱坠

小孩儿放鞭炮——又喜又怕

小孩儿啃黄连——自找苦吃，又说叫苦连天

小孩儿卖糖——全进了自己的肚子

小孩过年——一年强似一年，又说娃娃盼的日子

小孩吃甘蔗——越嚼越甜

小孩爬墙——高攀不上

小孩子写字——把着手教出来的

小孩子草地里采蘑菇——独根独苗

小孩点爆竹——又兴奋，又紧张

小房屋里生煤球炉——乌烟瘴气

小屋里耍扁担——处处碰壁

小房子没窗户——认准一个门，又说全靠这个门

小擀杖吹火——一窍不通

小缸里的金鱼——没见过大风浪

小沟里刮鱼——一段一段清

小狗跟粪缸赌咒——听不得

小狗跟着大狗叫——起哄

小狗咬石狮——拣不动的欺

小狗想吃月亮——不知天高地厚

小狗子钻灶门——不长点狗出息

小寡妇梦见丈夫——心里想，又说空想

小寡妇坐轿——转悲为喜

小鬼吹灯——瞎话

小鬼吹气——刮阴风

小鬼敲门——要命，又说找替死鬼

小鬼看见钟馗像——望而生畏

小鬼面前告阎王——找错了地方

小鬼抹胭脂——死要面子

小鬼投胎——借尸还魂

小耗子骂大街——贼喊捉贼，又说忘记了自己的出身

小耗子钻油篓——滑嘴滑舌

小河沟里的泥鳅——翻不了大浪

小河里撑船——一竿子到底

小胡同里赶车——拐不过弯来

小猴子吃大象——亏它张得开口，又说自不量力

小鸡吃黄豆——涨红了脖子

小鸡吃食——点头哈腰

小鸡斗鸥鹰——自不量力

小鸡儿交给黄鼠狼——托错了对象，又说送死

小鸡跳到麻团里——越抓越乱

小鸡配凤凰——甭想，又说空想

小鸡碰上鹰——喜的喜，忧的忧

小鸡在蓝天上飞——想得高

小鸡啄蛋壳——自找出路，又说想见世面

小脚穿大鞋——拖拖拉拉

小脚女人走路——慢慢吞吞，又说东倒西歪

小脚女人踢足球——不得劲

小脚女人追兔子——越撵越没影，又说白费工夫

小脚婆娘过独木桥——摇摇摆摆，又说难过

小老鼠掉到铁桶里——再也无缝可钻了

小老鼠拱到牛角里——越钻越紧

小老鼠拉线砣——大头在后

小老鼠钻到书箱里——咬文嚼字

小老鼠钻到肚里——百爪挠心

小老鼠钻进风箱里——两头受气

小狸猫倒上树——二虎一个

小毛驴拉磨——转不了几圈儿

小毛驴拉破车——费力不小，收获不大

小毛驴驮碾盘——浑身哆嗦

小马拴在大树上——稳稳当当

小蚂蚁搬泰山——自不量力，又说痴心妄想

小猫吃小鱼——有头无尾

小猫长胡子——摆设

小猫给耗子洗脸——没安好心，又说不怀好意

小猫崽拉屎——遮遮盖盖

小猫抓到死老鼠——不算本领

小蜜蜂说话——甜言蜜语

小绵羊碰老水牛——想也不要想

小鸟进了铁笼——有翅难飞

小牛不喝水强捺头——被迫的

小牛儿吃奶——一碰一碰

小牛出栏——无牵无挂

小牛驾大辕——蹦得欢，拉不动

小牛拉车——前窜后跳

小牛犊拉犁——拐来拐去

小盆泡黄豆——个个张嘴儿

小田里的泥鳅——没见过世面

小偷拜把子——贼讲究

小偷盯耗子——贼眉鼠眼

小秃当和尚——正好

小秃留洋头——想也不敢想

小秃下四川——一年不如一年

小娃吃烤洋芋——一捧二拍三吹

小媳妇挨了打——忍气吞声

小媳妇归娘家——熬出头来了

小媳妇见了恶婆婆——提心吊胆

小虾米熬菠菜——要多帅有多帅

小鸭蛋冒充大鸡蛋——蒙混过关，又说以小充大

小鱼办大席——不顶用

小鱼儿穿在柳枝上——难解难分

小猪抢食——吃里爬外

小卒过河——横冲直撞

四　画

不出鸡的鸡蛋——坏蛋

不出芽的谷子——不是好种

不饿带干粮——有备无患

不熟的葡萄——酸得很，又说酸气十足

不熟的杏子——酸极了

不栽果树吃桃子——坐享其成

不到黄河心不死——顽固不化

不见棺材不落泪——死心眼

不着窝的兔子——东跑西颠

车把式扔鞭子——没人敢（赶），又说谁敢（赶）

车翻了才驯马——晚了，又说迟了

车到山前——必有路

车干塘水捉鱼——一个也跑不掉

车走车路，马走马路——各不相干，又说走自己的路

井里划船——没有出路

井里丢石头——不懂（扑通）

井底的蛤蟆——没见过天

井底的青蛙——不知天高地厚

井底捞月——一场空

井底雕花——深刻

井底里栽花——没有出头之日

井底里放糖——甜头大家尝

井底里放炮——有原（圆）有因（音）

井水不犯河水，南山不靠北山——各过各的

开春的萝卜——心里空

开春的兔子——成帮结对

开锅的羊肉——热气腾腾

开花的竹子——枯死

开笼放麻雀——各奔前程

开水锅里煮空笼——不争（蒸）包子，争（蒸）口气

开水锅里放块冰——暂时平静

开水锅里加凉水——一下子冷静下来

开水锅里煮寿星——老熟人

开水锅里伸胳膊——熟手

开水泡黄豆——自我膨胀，有点自大

开水吞饼干——不含糊

开水碗上的葱花——华（花）而（儿）不实

开水煮老鼠——不死也要脱层皮

开水洗手——难下手，又说烫手

开水煮白玉——不变色

开盐店的老板——净管闲（咸）事

开花的白菜——起了心（芯）

开花期遇暴雨——结果不好，又说祸从天降

开着电扇聊天——尽讲风凉话

开了闸的河水——一泻千里

开着拖拉机撵兔子——有劲使不上，又说干瞪眼

开封府的包公——铁面无私，又说公正廉明

木匠吊线——睁只眼，闭只眼

木匠推刨子——直来直去

木匠拉大锯——有来有去，又说直来直去

木匠刨木料——按尺寸来

木匠戴枉——自作自受

木匠的刨子——好管不平事

木匠的折尺——能屈能伸，又说专量别人

木匠钉钉子——硬往里挤

木匠丢了墨线——全凭眼力

木匠师傅劈劈柴——不在话下，又说小菜一碟

木匠做家具——心里有数

木盆里的洗脚水——豁出去了

木头卡了嗓子眼——透不过气

木头人过河——摸不着底

木兰从军——女扮男装

木棉开花——红极一时

木箱钻洞——有板有眼

木耳豆腐一锅煮——黑白分明

木字写成才——还差一笔

木偶人——没心肝，又说没肝没肺

木偶上戏台——幕后操纵

木偶演悲剧——有声无泪

木偶的眼泪——假仁（人）假义

木偶表演——随着人家的指头转

木偶进棺材——死不瞑目

木偶进当铺——把它不当人

木偶唱戏——任人摆布

木偶跳舞——全靠牵线人

木鱼改梆子——还是挨打的货

木刻的苦罗汉——难得一点笑容

木头敲鼓——普（扑）通

木头人救火——自身难保

木夹里的老鼠——两头受挤

太公钓鱼——愿者上钩

太阳底下堆雪人——不长久

太阳底下的露水——难长久

太阳底下的洋葱——皮焦根枯心不死

太阳地里的豆角——炸得不轻

太阳地里的西瓜——外表热里头凉

太阳落坡月亮上来——年年如此，又说相传不断

太阳晒黄连——苦干

太阳上点火——聊（燎）天

太阳下望星星——白日做梦

太湖里倒马桶——宽宽绰绰的

太极拳的功夫——柔中有刚，又说练出来的

太监娶媳妇——痴心妄想

太平洋搬家——翻江倒海

太平洋上的警察——管得宽

太岁头上动土——胆子不小

太平洋上的麻雀——经过大风大浪

太平洋里一滴水——微乎其微

太医院开药方——有名无实

天上的星星——明摆

天猫配地狗——一对儿

天鹅落到鸡窝里——盛不下了，又说不对路

天狗吃日头——没法子下口

天狗吃太阳——吃了就要吐

天狗吃月亮——总要还原

天黑赶集——错过时机，又说为时已晚

天津卫的包子——狗不理

天井院里竖竹竿——无依无靠

天空里吹唢呐——哪里哪里，又说远近闻名（鸣）

天亮的公鸡——乱叫

天亮下大雪——明明白白

天亮鞋底擦油——趁早溜

天蓬元帅下凡——尽走邪门，又说旧习未改

天上彩云，水中明月——看得见，摸不着

天上的鸟儿能看出雌雄来——好眼力

天上掉下个浆盆——糊涂到底

天上掉下来的事——料想不到

天上打雷对雷——硬干

天上摘星——想得好，办不到

天下雨出太阳——假情（晴）

天平上称大猪——不知轻重，又说白（别）称

瓦背上的胡椒——两边滚

瓦缸倒胡桃——一干二净

瓦缸里使锥子——用不上力气

瓦匠的婆娘——多疑（泥）

瓦匠砌墙——两面三刀

瓦上的霜雪——见不了太阳

瓦刀劈砖——干脆

王八吃秤砣——铁了心

王八偷西瓜——滚的滚，爬的爬

王八吃滚珠——硬点子多

王八咬手指——死不松口

王八吃生姜——点头不算摇头算

王八肚里插鸡毛——归心似箭

王八撵兔子——差老远

王八拍着锅盖吹牛——自圆其说

王八上岩遇雹子——缩头缩脑

王八拴在鸡腿上——飞了也爬不起来

王八相看地老虎——小眼瞪大眼

王八找个鳖亲家——门当户对

王八钻进瓮里——走投无路

王八钻水缸——一个没回来

王二麻子哭哥哥——凶啊

王二麻子挨打——敲到点子上

王二小过年—— 一年不如一年

王二小盖猪圈——就地取材

王小二开饭店——看人下菜碟

王九的弟弟王七的哥哥——王八

王老倌烤烧饼——顾前不顾后

王老虎抢亲——弄巧成拙

王麻子的膏药——没病找病

王麻子的剪刀——卖的是刃口

王母娘娘开蟠桃会——聚精会神

王婆婆的裹脚——又臭又长

王婆卖瓜——旁人不夸自己夸，又说自卖自夸

王婆送灯台——一去不回来

王羲之手书——一字千金

无柄的菜刀——没有把握

无病吃黄连——自己找的苦差事，又说自找苦吃

无风下双锚——稳当当的

无牛捉了马耕田——大材小用

无头苍蝇——乱飞瞎碰

无头的蚂蚱——蹦跶不了几天

无心的蜡烛——点不亮

五彩公鸡屙屎——滑稽事（花鸡屎）

五朵梅花开一朵——四肢（枝）无力

五更（晨三至五时）天下雪——明明白白

五更天唱曲子——高兴得太早了

五黄六月穿棉袄——摆阔气

五月黄梅天——无情（晴）

五月的包谷——抹不脱

五月的芭蕉——粗枝大叶

五月的骆驼——灰不溜溜

五月的麦子——黄了

五月的豌豆——炸起来了

五月的石榴花——越开越红火

五月龙船逆水去——个个都要争上游

五月天穿棉袄——不知四季

五月天气上舞台——黄梅戏

五月初四包粽子——扎扎实实

五月节吃江米饭——没正业（粽叶）

五月里打摆子——忽冷忽热

五脏六腑抹蜜糖——甜在心上

元旦翻日历——头一回

元宵掉进肉锅里——说他混蛋，他还心里甜

元宵锅里煮鸡子儿——混蛋

云层里盖大厦——空中楼阁，又说高楼

云彩眼儿里走路——没门儿

云彩眼里点灯——高明

云彩里吹喇叭——空想（响）

云肚里装口袋——装疯（风）

云朵里的雨——成不了气候

云里贴告示——空话连篇

云里长草——地老（闹）天荒

云片糕泡糁儿粥——又薄又香

云头上翻跟头——没着落，又说找死

云头上挂剪刀——高才（裁）

见到熟人握握手——你好我好大家好

见到胡子就叫爷爷——不辨真假

见了皇帝喊万岁——老规矩

见了蚊子就拔剑——大惊小怪

见了火的蜡烛——软不拉耷

见了骆驼说马背肿——少见多怪

见了苍蝇撕条腿——贪得无厌

见了棺材不落泪——心肠硬

见了麦苗叫韭菜——五谷不分

见猫说是虎——小题大做，又说以小充大

见钱眼红——利欲熏心

见狗扔骨头——投其所好

见着骆驼不说蚂蚁——光拣大的说

见人张嘴跟着唱——盲从

见乌纱帽就摸头——官迷

中蚕吃桑叶——一星半点地啃下去

中秋节找月亮——赶得巧

中秋过了闰八月——团圆过了又团圆

中堂夹条幅——画中有画

中堂挂草席——不像话（画）

中药里的甘草——少不了它

长工的日子——难熬，又说一年熬到头

长工的血汗钱——来之不易

长江后浪推前浪——一波未平，一波又起

长江涨大水——来势凶猛，又说一泻千里

长虫吃高粱——顺杆爬

长虫吃蛤蟆——慢慢来

长虫吃扁担——硬挺

长虫吃蛤蟆——粗一节，细一节

长虫吃老鼠——囫囵吞

长虫吃青蛙——一个要命，一个要吃

长虫过篱笆——见缝就钻，又说钻空子

长虫钻进酒瓶里——进退两难

长虫吞大象——自不量力，又说痴心妄想

长颈鹿吃树叶——张口就来

从污水缸跳到茅坑里——越搞越臭

从发面团里拔毛——无中生有，又说没事找事

从潲水缸里出来的——一身馊味

从楼上掉下一筐子鸡蛋——没有一个好的

从污水缸跳到粪池里——越搞越臭

风马牛——不相及

风车口里挂堂鼓——吹牛皮

风吹蜡烛——说灭就灭

风吹梨树——疙疙瘩瘩

风吹芦苇——折不断

风吹落叶——一扫光

风吹麦苗——一边倒

风吹杨花——轻飘飘

风吹墙头草——两边倒

风箱里的老鼠——两头受气

风箱的嘴巴——光会吹

风箱换个鼓风机——一个比一个会吹

风疹病人抓痒——越抓越痒

风筝脱了线——摇摇欲坠

风中的鹅毛——无影无踪

凤凰身上插鸡毛——多此一举

凤有凤巢，鸟有鸟窝——互不相干，又说各不相干

凤凰去了毛——不如鸡

凤凰落到鸡窝里——糟蹋了

凤凰站在凉亭上——卖弄风流

凤仙花结的籽——碰不得

公鸡戴帽子——官（冠）上加官（冠）

公鸡飞上屋脊——到顶了，又说唱高调

公鸡下蛋猫咬狗——不可思议

公鸡钻篱笆——进退两难，又说找空子

公鸡钻灶——官僚（冠燎）

公羊生羔——没指望

公鸡不啼母鸡啼——反常

公鸡打鸣，母鸡下蛋——各尽其职

公鸡斗架——一个不让一个

公鸡生蛋马生角——别想

公鸡下蛋——别指望

公牛掉井里——有劲使不上

公婆打官司——各说各的理，又说公说公有理，婆说婆有理

毛掸子沾水——时髦（湿毛）

毛虫爬进火塘——凶多吉少，又说送死

毛猴子捅马蜂窝——找挨蜇来了

毛猴坐席面——一会儿也坐不稳

毛猴子说话——不知轻重

毛驴的脾气——吃软不吃硬

毛驴拉磨——兜圈子

毛驴跟马赛跑——老落后

毛驴啃石磨——嘴硬

牛吃稻草鸡吃谷——各自的福气各自享

牛吃南瓜——没处下口

牛吃韭菜——留下了根，又说还要给自己准备回头草

牛吃桑叶——不吐丝

牛圈里的石头——又臭又硬

牛圈里关猫——来去自由

牛圈里找马——错了门

牛皮鼓——声大肚子空

牛犊子拉车——乱套

牛犊子拉犁——拐来拐去

牛犊子学耕田——上了圈套

牛角上挂稻草——轻巧

牛身上拔根毛——无伤大体，又说无济于事

牛打架——死顶

牛背上放马鞍——乱套了

牛郎织女相会——一年一次

牛郎约织女——后会有期

牛皮鼓湿水——不响

牛皮鼓，青铜锣——不打不响

牛蹄子两瓣——合不拢

牛鼻子上的跳蚤——自高自大

牛屁股后面念祭文——说空话

牛栏里关猪——靠不住

牛角尖对牛角尖——对奸（尖）

牛粪上插花——根子不净

牛粪堆上的蘑菇——好看不好吃

牛屁股后的苍蝇——一哄而散

牛皮袄子反穿——逗虱子走弯路

牛给羊抵头——仗着脸上

牛栏里伸进张马嘴——没你开口的份儿

牛耕田，马吃谷——一个受累，一个享福

牛耕田，犬守屋——各负其责

牛耳朵上弹琴——不起作用

牛嘴里的草——扯不出来

牛栏里关个大花猫——空空洞洞

牛皮纸糊的鼓——不堪一击

牛尾巴拍苍蝇——凑巧了

手背脚面都长草——慌（荒）了手脚

手腕子长胡须——老手

手像薄扇，脚像钉耙——大手大脚

手掌两边都是肉——不偏不倚

手指头卷煎饼——各人吃各人的

手抓两把泥，脚踩西瓜皮——能抹就抹，能溜就溜

乌狗吃食，白狗当灾——代人受过

乌龟吃大米——糟蹋五谷

乌龟吃花生——心里明白

乌龟挨脚踩——痛在肚里边

乌龟背上刮毡毛——想得美

乌龟碰石头——硬对硬

乌龟吃秤砣——铁了心

乌龟有肉——在肚里

乌鸡对白鸡——一个见不得一个

乌拉草炒韭菜——乱七八糟

乌拉草喂牛——热乎热乎嘴

乌鸦赶集——黑市

乌鸦的下水——黑心

乌鸦唱歌——不是调，又说凶多吉少

乌鸦唱画眉——听起来不顺耳

乌鸦掉在猪身上——一个比一个黑

乌鸦飞到猪身上——黑压黑

乌鸦落在猪身上——光看见人家黑，没瞧瞧自己

乌鸦落在房头——开口是祸，又说祸从天降

乌鸦屁股插雉尾——想当凤凰

乌鸦窝里养凤凰——空喜一场

乌鸦笑猪黑——不知自己丑，又说自己不觉得

乌鸦与喜鹊同行——吉凶难料

乌鸦请狐狸——各家吃各家

乌云遮太阳——阴天无日

月半前一天——失事（十四）

月里娃吃大豆——嘴里胡捞

月里娃害眼病——瞎到底了

月亮坝里打灯笼——多此一举

月亮底下看影子——自看自大

月亮底下打火把——光上加光

月亮底下晒被子——白搭

月亮下晒谷子——不顶事

月亮跟着日头走——借光

月亮里的桂花树——高不可攀

月亮上钻窟窿——好高的眼儿

月亮上的兔子——捉不到

月光下打灯笼——多事，又说多此一举

月光里的萤火虫——谁也不沾谁的光

月子婆娘挨打——不近人情

斗大的糍粑——吃不完也不会丢

斗败的鹌鹑——直了脖

斗败的老牛——不服气

斗架的公鸡——劲头十足，又说趾高气扬

斗赢的公鸡——横眉竖眼

斗大的字不识半个——睁眼瞎

斗笠出烟——冒（帽）火

斗篷烂边——顶好

斗鸡上阵——横眉竖眼，又说劲头十足

火镰对火石——一碰就发火

火盆里栽牡丹——不知死活，又说早晚要死

火把换灯笼——明来明去

火车拉笛——名（鸣）声大

火车离了道——越轨，又说出了鬼（轨）

火车头没灯——前途无量（亮）

火鸡比天鹅——差得远，又说差远了

火炉子里浇油——火气太大

火种掉进干柴堆——一点就着，又说点火就着

火柴把上绑鸡毛——胆（掸）子小

火柴盒里的苍蝇——到处碰壁

火药碰到火柴头——好大的火气

火炉匠的家——破铜烂铁

火山爆发——惊天动地

火烧棺材——逼死人

火烧猴屁股——急得团团转

火烧芭蕉——不死心，又说心不死

火烧草料场——逼上梁山

火烧草山——没有救，又说难救

火烧灯草——灰心

火烧蜂房——乱哄哄

火烧胡子——祸在眼前

火烧茅草——不死心，又说心不死

火烧乌龟——心里痛

火烧竹林——尽光棍，又说全是光棍

火烧屁股——坐不稳

火烧财主楼——恶有恶报，又说罪有应得

火烧眼毛儿——迫在眉睫

火烧黄豆粒儿——自爆

火烧黄鳝——慢慢煨

火烧馒头——心里冷

火烧寺庙——没有神

火烧羊毛——不留情面，又说一扫而光

火烧战船——满江红

火烧纸马店——迟早要归天

火烧猪头——面熟

火塘边上烧土豆——又是吹又是拍

火星子遇汽油库——闹得天翻地覆

火焰山上的西瓜——又稀罕又解渴

火爆玉米——开心

六十甲子轮流转——周而复始

六月戴棉帽——乱套

六月天下暴雨——就这么一阵

六月里的蚊子——咬死人

六月里的烂韭菜——臭得很

六月的黄瓜，九月的椒——老而不中用

六月的雷——响得远

六月的扇子——不离手

六月的天，孩子的脸——说变就变

六月的天气——变化无常，又说说变就变

六月喝冷水——点点凉在心头

六月里吃薄荷——凉透心，又说舒心

六月天吃冰棒——凉了一大截，又说良（凉）心

六月天的冬瓜——越大越不值钱

六月天送棉袄——用不上，又说没事找事

六月间的阵雨——来的猛，去得快；又说来去匆匆

六月间喝冰水——寒心，又说良（凉）心

六月间响雷——不稀奇

六月里吃生姜——热乎乎

六月里穿皮袄——活受罪

六月里的高粱——拔节往上长

六月里的梨疙瘩——有点儿酸

六月里的云——捉摸不定，又说变化无常

六月里冻死绵羊——话头长

六月连阴天——不见晴

六月天烧炉子——热火得很，又说热火朝天

六月里吃生姜——服啦（伏辣）

六月里的粪——沤到了劲

心肝掉到肚里头——放下心了

心肝里头结了两个茄心——三心二意

心口挂灯笼——心照不宣

心里摆不正大秤砣——偏心眼

心里揣个小鹿羔子——扑通扑通地乱跳

心里揣秤砣——压得喘不过气来

心里放把花椒——麻烦

心里扎了花椒刺——一阵麻来一阵痛

心里长了茅草——慌（荒）手慌（荒）脚

心上吊了块磨盘——沉甸甸的，又说心思太重

心字头上一把刀——忍了

孔夫子搬家——净是输（书）

孔夫子念书——咬文嚼字

孔夫子拜师——不耻下问

孔夫子讲学——之乎者也

孔夫子教《三字经》——大材小用

孔夫子门口卖对联——冒充能人

孔夫子面前卖文章——好不识相，又说毫无自知之明

孔夫子的褡裢——书呆（袋）子

孔明用计——神机妙算

孔雀的尾巴——翘得太高了

劝牛不吃草——白费口舌

双黄蛋——两个心

双脚踩在棉堆上——不踏实

双手捧刺猬——拿不起放不下

双手擎根鸡毛——轻而易举

双眼瞎养孩子——一辈子见不着面儿

水冲龙王庙——不认自家人

水仙不开花——装蒜

水牛过河——永不回头

水牛走到象群里——矮了一头

水牛吃活蟹——有劲使不上

水牛掉到枯井里——有力没处使

水牯牛的口水——太长

水牯牛拼命——钩心斗角

水牯牛钻进象群里——还是一个小兄弟

水底捞月——看得见，摸不着

水泥柱里的钢筋——光使劲儿不露面儿

水豆腐进灰堆——吹不得，拍不得

水里按葫芦——按倒这个，浮起那个

水缸里抓王八——手到擒来，又说十拿九稳

水缸里的螃蟹——横竖都出不来

水缸里养鱼——保活不保长

水鬼找城隍——恶人先告状

水壶里盛汤圆——有货倒不出

水井放糖精——甜头大家尝

水坑里的蛤蟆——叫唤不停

水鸭吞筷子——横竖转不过弯

水泡豆子——自我膨胀

水瓶装开水——外冷内热

水蛇投鱼网——胡搅蛮缠

水塘里挖藕——心眼不少

水桶没把——不成体统（提桶）

水桶上安铁箍——难分难解

水煮鸭蛋——越煮越硬

五　画

打靶眯眼睛——睁只眼，闭只睛

打春的萝卜——没人理睬

打灯笼走亲访友——明来明去

打翻了的调味罐——甜酸苦辣味都有

打鼓吹唢呐——远近有名（鸣）

打好的鱼网——心眼儿多

打花脸照镜子——自己吓唬自己

打败的鹌鹑斗败的鸡——上不了阵势，又说垂头丧气

打败的士兵——垂头丧气

打抱不平的说理——仗义执言

打掉牙往肚里吞——忍气吞声

打发闺女又娶媳妇——两头忙

打更人睡觉——做事不当事

打开棺材喊贼——冤枉死人

打开天窗——说亮话

打烂锅头——没得主（煮）

打了兔子喂鹰——好处给了恶人

打鸟瞄得准——一目了然

打破沙锅——问到底

打破嘴巴骂大街——血口喷人

打伞披雨衣——多此一举

打手击掌——一言为定

打锣卖糖——各干一行

打兔子捉到黄羊——格外好，又说捞外快

打下去的桩头——定了

打一巴掌揉三揉——假仁假义，又说虚情假意

打酒的不买醋——专款专用

打头公鸡生蛋——强人所难

打着手电筒走夜路——前途光明

打着兔子跑了马——得不偿失

打柴的下山——担心（薪）

打雷不下雨——虚张声势

打花脸照镜子——自己吓唬自己

打蛇打到七寸上——抓住要害

打铁的拆炉子——散伙（火）

打肿脸充胖子——不懂装懂

东按葫芦西按瓢——碰到什么抓什么

东边太阳西边雨——一方有情（晴），一方无情（晴）

东扯葫芦西扯瓢——胡拉乱扯

东方打雷西方雨——声东击西

东沟摸鱼，西沟放生——白忙活

东家瓜，西家枣——没话寻话

东去的江水——留（流）不住

东施的绣球——没人稀罕

东施骂街——又丑又恶

东头拜堂，西头出丧——唱对台戏

东方欲晓——渐渐明白

东家的饭碗——难端

东篱补西壁——顾此失彼

东北的二人转——一唱一和

东北风里带小刀——又刺又扎

甘蔗盖房——非垮不可，又说不可靠

甘蔗拔节——一节也不通

甘蔗当烟囱——不通气

甘蔗林里种香瓜——从头甜到脚

甘蔗皮编席子——甜蜜（密）

甘蔗支危房——不顶用；不顶事

甘露寺里的刘备——安危无恙

龙船上装大粪——臭名扬远

龙王发兵讨河神——一家人不认一家人

龙王庙门前卖水——跑错了门

龙王爷打盹——百姓遭罪

龙王爷发怒——四方遭灾

龙王爷的后代——龙子龙孙

龙王爷打哈欠——好神气

龙王爷翻脸——要变天

龙王爷招亲——水里来，水里去

龙王爷作法——呼风唤雨

龙须菜炒韭菜——乱七八糟

龙嘴上拔胡须——送死

巧媳妇——难做无米之炊

巧他爹遇到巧他妈——巧在一块儿了

去北极考察——任重道远

去了角的公鹿——非驴非马

去了咳嗽添了喘——躲了一次又一灾

去年的皇历——不中用

去年的棉衣今年穿——老一套

石板底下的草苗苗——硬是伸不了头

石盘子下的竹笋——永无出头之日

石碑底的乌龟——长年累月伸腰难

石板上插杨柳——不生根

石板上栽葱——无法生根

石板桥上跑马——不留痕迹

石板上跑马——无印子

石板上的泥鳅——钻不进去

石板底下的草苗——伸不了头

石板上的鱼——任人宰割

石板上生蚯蚓——不可能的事

石板上栽波菜——没门儿的事

石板上摔乌龟——石打石

石板上磨刀——硬对硬

石板上栽稻——没缝儿

石板上栽花——扎不下根

石板上种瓜——赔本的买卖

石板上栽葱——有劳无功

石板上种庄稼——有籽儿难发芽儿

石缝里塞棉花——软硬兼施

石膏点豆腐——一物降一物

石磙当凳子——难搬

石磙子脑袋——不开窍

石灰里浇墨汁——混淆黑白

石灰涂嘴——白说

石灰窑里安电灯——明明白白

石灰窑里过路——一身洁白

石匠的钢钎——挨打

石匠使拳头——硬充能耐

石里捣水——白费劲

石榴脑袋——点子不少

石榴树上挂醋瓶——又酸又涩

石狮子灌米汤——滴水不进

石头开花马生角——没人见过

石头做的心——无情无义

石头娃子——一点心眼也没有

石头撞鸡蛋——好危险

石头缝里的常春藤——两头受挤

石头腌咸菜——是个不进油盐的东西

石头掉进刺林里——无挂无牵

石头缝里长竹筒——硬是挤出来了

石头脑袋秤砣心——死心眼

石头上长草——根底硬

石头绕到牛桩上——胡搅蛮缠

石头上绣花——开头难

石头上种黑豆——白糟蹋东西

石头心肠——又硬又冷

石头子孵小鸡——一成不变

石岩压住嫩枝芽——抬不起来

玉皇的手书落人间——泄露了天机

玉皇大帝娶亲——天大喜事

玉皇大帝做媒——天作之合

玉皇大帝卖谷子——天仓满了

玉帝大帝栽摇钱树——有钱无处使用

玉皇大帝送祝福——天大人情

玉皇爷扑蚂蚱——慌神啦

玉米秸生虫——钻心（芯）

玉米地里带绿豆——杂种

玉米开花——到顶了

玉米秆里的虫——钻心（芯）

玉米秸秆扎篱笆——不算强（墙）

玉米面包饺子——一煮就露馅

玉米面做鸡蛋黄——不是那个材料

玉器涂白漆——内贵外贱

玉石上绣花儿——精雕细刻

正月初一打灯笼——年年如此

正月的门神——一个向东，一个向西

正月间走亲戚——礼尚往来

正月十五贴春联——晚了半月零一天

正月十五卖门神——过时

正月十五云遮月——不露脸

正月十五的月亮——光明正大

正月十五观灯——眼花缭乱

正月十五看花灯——走着瞧

正月十五送财神——赶到最后一天

正月十五煮元宵——滚蛋

叫春的猫——没好声调

叫花子要黄连——自讨苦吃

叫花子吃生姜——穷开胃

叫花子吃树皮——饥不择食

叫花子吹芦笙——苦中作乐

叫花子起五更（晨三至五时）——穷忙

叫花子吃豆腐——一穷二白

叫花子过年——穷讲究

叫花子扭秧歌——穷快活

叫花子打狗——边打边走

叫花子吃肥肉——讨来的

叫花婆子谈嫁妆——穷人说大话

叫花子打架——穷横

四月的冰河——开动（冻）

四月的果园——有理（李）有性（杏）

四月的梅子——多少带点亲（青）

四月的桃花——谢了

四月间的青蛙——叫一阵子

四月间的雷雨天——阴云夹着火气

四月里挖地——触霉（麦）头

四川的担担面——又麻又辣

四金钢弹琵琶——弹也不要弹

四大金刚扫地——有劳大驾

四大天王讨口——穷凶极恶

四大天王吃汤圆——神嚼

四方萝卜——愣头青

四方木头——踢一踢，动一动

四个鼻孔烂了仨——一鼻孔出气

四个锯子八个眼——没错

四海龙王动刀兵——里里外外都是水

四季豆翻花——老来俏（二道花）

四棱子眼睛——六亲不认

四两棉花请弹匠——不消开得弓

四两花椒炖只鸡——肉麻

四两人讲半斤话——自不量力

四十八岁养娃娃——最后一个

四十里不换肩——抬死杠

四十五里不点灯——黑得远

四台大戏对着唱——好热闹

四月的杏——一股酸味儿

四塍口边栽芋头——外行

田塍上种黄豆——靠边站

田埂上的泥鳅——滑不了

四埂上推车—路子窄

田埂上修茅厕——肥水落外人田

田鸡唱歌——呱呱叫

田鸡娘打野老公——大喊大叫

田鸡吞烟油——尝到辣头

田鸡钻在水底里——不敢出头露面

田里的甘蔗——老来甜

田里的菩萨鱼——没见过大江河

田里蚯蚓——满肚子泥

田里的庄稼——土生土长

田螺讨吃——夜里忙

田螺壳——弯弯多

田螺走上旗杆顶——唯我独尊

田鼠走亲戚——土里来土里去

白纸上写黑字——黑白分明

白菜熬豆腐——又清（青）又白，又说 清（青）二白

白菜煮柿子——给点颜色看

白菜叶子炒大葱——亲（青）上加亲（青）

白菜叶上浇粪水——没有一片是干净的

白纸写黑字——更改不了

白骨精给唐僧磕头——假心假意

白骨精遇上孙悟空——原形毕露

白骨精骗唐僧——一计不成，又生一计

白骨精开口——不讲人话

白露里的雨——到一处，坏一处

白露过后的庄稼——一天不如一天

白萝卜上扎刀子——不出血的东西

白娘子喝了雄黄酒——头昏脑涨，又说要现原形

白娘娘遇许仙——千里姻缘一线牵

白娘子水漫金山——大动干戈

白布掉进染缸里——洗不清

白糖拌黄瓜——干（甘）脆

白糖嘴巴刀子心——口蜜腹剑

白糖拌蜂蜜——甜上加甜

白糖拌苦瓜——有苦有甜，又说同甘共苦

白糖泡蜜里——吃在嘴里，甜在心里

白天点灯——多此一举

白天的猫头鹰——睁眼瞎

白铁匠戴眼镜——看透了

白水煮萝卜——没有味道

白水下石膏——成不了豆腐

白水煮白菜——淡而无味

白开水煮冬瓜——油水不大

白水做饭——无米之炊

包公的告示——开诚布公

包公办案——明察秋毫，又说铁面无私

包公的铡刀——不认人

包公的尚方宝剑——先斩后奏

包公放粮——为穷人着想

包老爷怒铡陈世美——一刀两断

包脚布围嘴——臭不可闻

包着眼睛下围棋——黑白不分

包子里加砒霜——陷（馅）害人

包脚布做鞭子——文（闻）不能文（闻），武（舞）不能武（舞）

包脚布做围脖——臭一圈儿

包元宵的做烙饼——多面手

包子吃到豆沙边——尝到甜头

包子熟了不揭锅——窝气

包子张嘴——露馅

冬瓜藤缠到茄地里——东攀西攀

冬瓜藤牵到豆棚里——纠缠不清

冬瓜秧爬上葡萄架——难分难解

冬瓜撞木钟——想（响）也不想（响）

冬瓜熬清汤——乏味

冬瓜大的茄子——不论（嫩）

冬瓜钱算在葫芦上——混账

冬瓜上的霜——两头光

冬瓜下山——滚了

冬天吃棒冰——不看节气

冬天吃冰水——点点滴滴记在心

冬天的气温——升不上去

冬天的扇子，夏天的烘笼——无用处

冬天不戴帽——动（冻）脑

冬天火炉夏天扇——受欢迎

冬天卖扇子——过时货

冬天的撞木钟——闷声不响

冬天的大蒜——叶黄根枯心不死

冬天的干牛粪——见火就着

冬天吃梅子——寒酸

冬天打雷——没有的事；不可能

冬天的寒鸭——硬撑；又说死撑

冬天的青蛙——躲起来

冬天的蛤蟆——装死

冬天的蚂蚁——不露头

冬天的蝉——不叫唤

冬天的黄连——寒苦

冬天的梧桐树——光棍一条

冬天的旋风——成不了气候

冬天的竹笋——出不了头

冬天喝凉水——寒心

冬天卖凉粉——不看季节

冬天摇蒲扇——不识节气

冬天坐长椅——坐冷板凳

冬月里的甘蔗——甜在心上，又说甜透了心

冬至已过——来日方长

冬水田种麦子——怪哉（栽）

瓜子虽小——是人（仁）心

瓜地里的草人——吓老鸦，又说装样子

瓜地里套豆角——缠来扯去

瓜地里挑瓜——越挑越眼花

瓜瓢里切菜——滴水不漏

瓜田里打转转——不吃也想吃

瓜子出臭虫——不是好人（仁），又说啥人（仁）都有

瓜熟蒂落——时机成熟

瓜藤绕到豆棚上——纠缠不清，又说缠来扯去

瓜子去了皮——心上人（仁）

鸟枪当炮用——派错了用场，又说冒充大家伙

鸟枪换大炮——越来越神气，又说吃小亏占大便宜

鸟见树不落——要飞了

鸟儿搬家——远走高飞

鸟类吃食——不得不低头

鸟字写成乌——还差一点

生锈的铁刀——难看（砍）

生地的黄瓜——不上架

生花生　　非吵（炒）不可

生剥刺猬——没处下手

生成的牛角——拉不直

生吃螃蟹——搅乱了肚肠

生盐拌韭菜——各有所爱

生豆儿——不炒不熟

生姜拌海椒——辣对辣

生姜掉在肉锅里——肉麻透了

生了孩子不吃奶——省了娘的事

生了气踢皮球——疼的是自己的脚

生气踢石头——自己吃亏

生石灰浇雨——熟了

生铁换豆腐——吃软不吃硬

生铁铸犁头——宁折不弯

生铁进了铁匠铺——等着挨打

生吞鸽子——肚子里咕噜噜叫

生吞螃蟹——牵肠挂肚

生吞蜈蚣——百爪挠心

生锈的剪刀——掰不开，又说剪不断

生意人碰到劫路贼——不知死活

生在磨子上吃藕——想得转，看得穿

半吊子的一半——二百五

半斤八两——不相上下，又说差不多

半斤鸭子四两嘴——就是嘴硬

半天空里挂灯——高明

半天空里挂口袋——装疯（风）

半空里吹喇叭——想（响）得高

半空中的火把——高明

半空中放爆竹——想（响）得高

半空中赶牲口——露马脚

半天云里挂灯笼——高明

半天云里开宴会——空席

半天云里骑仙鹤——远走高飞

半天云里踩钢丝——提心吊胆

半天云里响炸雷——惊天动地

半天云里唱戏——下不了台

半天云里的亮星——吉星高照

半天云里吹唢呐——想（响）得高

半天云里吊口袋——装疯（风）

半天云里翻账薄——算得高

半天云里拉家常——空谈

半天云里飘气球——高高在上

半天云里骑仙鹤——远走高飞

半天云中拍巴掌——高手

半夜吃桃子——单拣软的捏

半夜三更（晚十一至晨一时）放火炮——一鸣惊人

半夜三更上吊——等死不到天明

半夜里起来借便壶——不看时候

半夜起来喝稀饭——迷迷糊糊

半夜里套驴——摸不着套

半夜里摘辣椒——老嫩不分，又说瞎摸

半夜收玉米——瞎掰

半夜做噩梦——虚惊一场

半夜里捉迷藏——瞎摸，又说摸不着

半夜吹牛——瞎说

半夜穿衣服——为时过早

半夜弹琴——暗中作乐

半夜下雨——下落不明，又说不知下落

半夜做梦啃猪蹄——想得倒美

半夜做梦娶新娘——尽想好事

半篮子喜鹊——唧唧喳喳

半瓶子醋——乱晃荡

半夜吃黄瓜——摸不着头尾

半夜里和面——瞎鼓捣

半夜里抡大斧——瞎砍一通

头顶上长疮，脚底下化脓——坏透顶了

头顶磨盘——不知轻重

头顶碾盘耍狮子——费劲不落好

头顶石帽子跳舞——出力不落好

头顶上倒冰水——从头凉到脚

头顶泼勺油——油头油脑

头发丝炒韭菜——乱七八糟没头绪

头发丝穿豆腐——提不起来

头发丝上拴秤砣——危险

头发丝系碾盘——越闹越玄

头上绑油纸扇——爱出风头

头上插鸡翎——好威风

头上点灯——自以为高明

头上长秃疮——坏到顶了

头上顶灯笼——自作高明

头上生疮——顶坏

对牛弹琴——白费心思

对空撒灰——害人先害己

对天鸣枪——吓唬人

对着穿衣镜作揖——自我崇拜

对着镜子扮鬼脸——丑化自己

对着镜子亲嘴——自己哄自己

对着镜子说话——自言自语

对着水缸吹喇叭——有原因（圆音）

对着桑树骂槐树——指桑骂槐

母鸡跌进米缸——饱餐一顿

母鸡飞上树——不是好鸟

母鸡下蛋呱呱叫——生怕别人不知道

母鸡吃烂豆子——一肚子坏点子

母猫吃小崽——自残骨肉

母老虎骂街——没人敢惹

母夜叉撒泼——惹不起

母猪嫌米糠——反常

母猪钻进玉米地——找着吃棒子

母猪上夹道——进退两难

母猪嘲笑马脸长——自不量力

母猪吵架——笨嘴拙舌

母猪养儿——有数就算

司马昭之心——路人皆知

丝瓜筋打老婆——装腔作势

丝网打鱼秧——一无所获

丝线穿豆腐——提都不要提

丝线打结子——难分难解

六　画

百斤担子加铁砣——肩负重任

百斤力挑千斤担——力不从心

百斤重担能上肩，一两笔杆提不动——大老粗

百日不下雨——久情（晴）

百里以外去挑水——远水不解近渴

百灵鸟唱歌——自得其乐

百灵鸟的嘴巴——巧舌

百年的大树——根深蒂固

百年松作柴烧——大材小用

百灵戏牡丹——鸟语花香

百年松树，五月芭蕉——粗枝大叶

百丈高竿挂红灯——红到顶了

成熟的柚子——黄了

成熟的谷穗——勾了头

成熟的荔枝——红了脸

成熟的莲子——心里苦

成熟的香蕉——变软了

地道里布罗网——来一捉一个

地洞里聊天——尽讲黑话

地瓜地里种豆角——纠缠不清

地瓜地里栽茄子——红得发紫，又说出了头

地瓜地里抓王八——哪有个跑

地瓜掉在地板上——没关系

地瓜秧烤火——甜滋滋的

地瓜去皮——白数（薯）

地瓜冒热气——熟透了

地窖里抬头——见不了天

地窖里藏土豆——万无一失

地窖的橘子——明显（鲜）

地窖里生孩子——低产

地窖里活命——难见天日

地窖里亮相——姿态不高

地窖里聊天——说黑话

地老鼠交给猫看看——十有九空，又说越看越少

地老鼠跑江南——走路不少，见天不多

地里的辣椒——老来红

地里的萝卜——上青下不青

地皮上的野草——除不尽

地里的庄稼——土生土长

地里的蚯蚓——能屈能伸

地里的庄稼苗——顺风倒

地上的影子——你走他也走

地上的野草——除不尽

地上栽电杆——正直

地上的蚂蚁——数不清

地头上的韭菜——去了一茬又一茬

地头上的马粪包——踩扁了又鼓起来

地头上的蚂蚁洞——闭着眼睛能摸到

地头上种庄稼——没几分

地主老爷的碗——难端

过冬的咸菜缸——泡着吧

过端午的龙头——光要嘴

过河抽板——没良心，又说不留后路

过河的牛尾巴——拽不动

过河洗脚——一举两得

过河拆桥——不留后路

过河拽胡子——谦虚（牵须）

过街的老鼠——人人喊打

过年的猪——活不久，又说早晚要杀

过年敲锅盖——穷得叮当响

过年娶媳妇——双喜临门

过五关斩六将——气概非凡，又说大刀阔斧

过了白露的蚊子——伸腿了

过了冬至种小麦——赶不上节气

过了筛子的黄豆——没大没小，又说一般大

过了河丢拐棍——忘本

老将出马——一个顶俩

老太太吃蚕豆——软磨硬顶

老太太吃豆腐——正好

老太太不吃杏——酸心

老太太吃黄连——苦口婆心

老太太吃炒蚕豆——咬牙切齿

老太太住高楼——上下两难

老太太的包袱——鼓鼓囊囊

老太太荡秋千——玩命

老太太啃鸡筋——难嚼难咽

老太太打补丁——穷凑合

老虎进棺材——吓死人

老虎进山洞——顾前不顾后

老虎戴道士帽——假装出家人

老虎的屁股——摸不得

老虎不嫌黄羊瘦——沾荤就行

老虎打哈欠——口气真大

老虎打架——没人劝

老虎串门——稀客，又说来者不善

老虎看小孩——有主的肉

老虎逛公园——谁敢拦

老虎演戏——好看也别看

老虎和猪生的——又恶又蠢

老虎借猪——有借无还

老虎打瞌睡——难得的机会

老虎披蓑衣——终归不是人

老虎进城——家家关门

老虎屁股上挠痒——惹祸上身

老虎背上翻跟头——寻死

老虎尾巴挂扫帚——威风扫地

老虎戴念珠——装善人

老虎不吃人——形状吓煞人

老虎闯狼窝——有好看的

老虎吃苍蝇——供不上嘴

老虎吃大象——沾不上边

老虎吃鸡——小菜一碟

老虎跳舞——张牙舞爪

老虎吃狼——弱肉强食

老虎吃牛——大干一场

老虎吃人——不吐骨头

老虎逮耗子——要的什么威风

老虎嘴里拔牙——胆大包天

老虎打盹——不是真睡

老虎的头发——没人敢理

老虎进棺材——吓死人

老虎进闸门——死路一条

老虎口里讨肉吃——不要命，又说讨死

老虎咧嘴笑——阴险歹毒

老虎屁股——摸不得

老虎上吊——没人敢救，又说畏罪自杀

老虎上街——谁敢惹它

老虎头上搔痒痒——自找倒霉

老虎头上捉虱子——死都不怕

老虎捉蟋蟀——笨手笨脚

老虎不吃猪——怪事

老鼠同猫睡——练胆子

老鼠过街——人人喊打

老鼠咬猫——无法无天

老鼠骑在猫身上——好大的胆子

老鼠上秤钩——自称自

老鼠给大象指路——越走越窄

老鼠进风箱——两头受气

老鼠替猫刮胡子——拼命的巴结，又说费力不讨好

老鼠钻人堆里——找死

老鼠管仓——越管越光，又说监守自盗

老鼠偷秤砣——倒贴（盗铁）

老鼠扒屎盆——替狗忙

老鼠掉进粪坑里——越闹越臭

老鼠骑在猫身上——好大的胆子

老鼠吃猫饭——偷偷干

老鼠啃皮球——客（嗑）气

老鼠进猫窝——白送礼，又说送死

老鼠进书房——咬文嚼字

老鼠掉进醋缸——一身酸气

老鼠窝里的粮食——全是偷的

老鼠碰见猫——不敢想（响），又说缩头缩脑

老鼠爬香炉——碰了一鼻子灰

老水牛拉马车——不会套

老鹞落在猪身上——光瞧见人家黑，瞧不到自个儿黑

老头捅马蜂窝——找辙（蜇）

老鹰抓小鸡——一个忧一个喜

老两口埋在一个坟里——死活一对

老艄公撑船——一竿子插到底

老中医把脉——慢慢地摸

老鸹站树上——呱呱叫

老鸹骂黑猪——不知自己黑

老鸹配凤凰——妄想

老鸹跳到黄河里——洗不清

老和尚的帽子——平平塌塌

老和尚的木鱼——挨敲打的货，又说不敲不响

老和尚掉在粪坑里——死（屎）里逃生

老和尚念经——句句真言，又说照本宣科

老猴爬旗杆——上不去

老牛吃嫩草——吞吞吐吐

老牛吃豌豆——不声不响

老牛出工——让人牵着鼻子走

老牛大憋气——不吭声

老牛的蹄子——两瓣

老牛拖木犁——慢腾腾

老牛拉磨——慢工出细活

老牛拉破车——穷凑合

老牛推磨——走回头路

老牛钻耗子洞——行不通

老牛拉车——埋头苦干

老牛拉破车——慢慢腾腾，又说得过且过

老牛拉犁——有心无力，又说打着走

老牛筋——难啃

老牛走老路——照旧

老牛死了——任人宰割

老牛不怕狼咬——豁出去

老牛追兔子——有劲使不上

老牛钻狗洞——难通过

老牛走路——不慌不忙，又说慢慢腾腾

老肥猪上屠场——挨刀的货

老母猪追兔子——喘不上气

老母猪打架——光使嘴

老母猪追兔子——上气不接下气

老母猪和牛打架——豁出命来摔

老母猪吃碗碴——满嘴是词（瓷）

老母猪吃铁饼——好硬的嘴

老母猪爬楼梯——高攀

老母猪逛花园——找着挨揍

老母鸡抱空窝——不简单（不见蛋）

老母鸡抱空窝——伏（孵）着吧

老母鸡上树——冒充英雄（鹰凶）

老母鸡跟黄鼠狼结交——没好下场，又说认敌为友

老玉米里搀白面——粗中有细

老面做馒头——发得快

老驴子打滚——翻不过身来

老驴拉磨——瞎转圈

老绵羊撵狼——拼啦

老包断案——脸黑心不黑，又说铁面无私

老莲花白——不收心（芯）

西北风刮麦芒——连讽（风）带刺

西方日出水倒流——不可思议，又说反常

西风扫落叶——秋去冬来

西瓜地里带芝麻——大的大，小的小

西瓜放进油桶里——滑头滑脑的家伙

西瓜地里落冰雹——砸啦

西瓜里调盐——是图甜还是图咸

西瓜碰上菜刀——四分五裂

西瓜皮擦脸——不知凉热

西瓜皮揩屁股——不干不净

西瓜皮做帽子——装滑头

西瓜拴在鳖腿上——滚不了西瓜，跑不了鳖

西葫芦配西瓜——一对软货

西梁女王嫁唐僧——你有情，我有意

西太后的主意——尽是鬼点子

西施带花——美上加美，又说锦上添花

芋头汤洗脸——糊涂

芋头叶子当钹敲——不堪一击

芋头叶子上的水珠——不长久

芋叶上的露水——又清（青）又白

芋头叶上的水珠——滚了

芝麻拌蜜糖——又香又甜

芝麻酱拌豆腐——滑稽事（花鸡屎）

芝麻做饼——点子不少

芝麻地里的烂西瓜——数你大

芝麻地里长苞米——高低不齐，又说野生

芝麻地里种豇豆——凑空

芝麻地里种西瓜——有大有小

芝麻地里种黄豆——杂种

芝麻粒掉杏筐里——不显眼

芝麻落在针眼里——巧进巧出，又说赶巧

芝麻豆子堆一场——不分主次

芝麻秆榨油——油水不大

芝麻开花——节节上升

芝麻脸儿——好大的脸皮

芝麻说成绿豆大——没人信

吃豹子胆长大的——凶恶极了

吃不了兜着走——自担责任

吃灯草灰长大的——说话没分量

吃豆腐多了——嘴松

吃了蜂蜜说好话——甜言蜜语

吃过黄连喝蜜糖——苦尽甜来

吃鸡蛋不拿钱——混蛋

吃辣椒屙不下——两头受罪

吃了豹子胆——胆子不小，又说胆子大

吃了抄手（馄饨）吃馄饨——一码事

吃了定心丸——做事踏实

吃了辣椒啃甘蔗——嘴甜心辣

吃了木炭——黑心，又说黑了良心

吃了雷公的胆——天不怕地不怕，又说胆大包天

吃了灵芝草——长生不老

吃了鸟枪药——火气冲天

吃了烧茄子——多心

吃了喜鹊蛋——乐开怀

吃米不记种田人——忘本

吃棉花长大的——心软

吃桑叶吐丝——肚里有货

吃水不记掘井人——忘本

吃香蕉剥皮——吃里爬（扒）外

吃鱼不吐骨头——说话带刺

吃着梅子问酸甜——明知故问

吃猪肉念佛经——冒充善人

吃了秤杆——心眼多

吃了黄连劝架——苦口婆心

吃饱的肥猪——大腹便便

吃饱饭打嗝——气不顺

吃了五谷想六谷——老是不满足，又说人心不足

吃了咸萝卜——操淡心

吃辣椒喝白干——里外发烧

吃苦菜长大的——没尝过甜头

吃了蝎子——心肠歹毒

吃了二十五个小老鼠——百爪挠心

吃多了生姜——满口辣味

吃了算盘子——心里有数

吃米的鸡——点头哈腰

吃面条放葱——装蒜

吃稀饭泡汤——多余

吃人的老虎——恶相，又说张牙舞爪

吃桑叶吐丝——肚里有货

吃甜茶说苦话——勿忘过去

吃西瓜蘸蜂蜜——甜甜蜜蜜

虫蛀的扁担——只能挑轻的

虫蛀的老槐树——肚里空

虫子钻进核桃里——假充好人（仁），又说冒充好人（仁）

虫蛀的老槐树——心是空的

财神爷吹牛——有的是钱，又说说大话

财神爷敲门——福从天降，又说送钱来了

财神庙的土地爷——爱财

财神爷讨饭——故意装穷

财神爷摸脑壳——好事临头

财神爷翻脸——不认账

财主劫路——为富不仁

当婊子立牌坊——不知羞耻

当地人家——土生土长

当和尚不敲钟——白吃

当面锣，背面鼓——明打明敲

当天和尚撞天钟——得过且过

当着阎王告判官——没有好下场

当衣服买酒喝——顾嘴不顾身

刚坐胎的黄瓜——苦极了

刚出壳的小鸡——翅膀不硬

刚出山的太阳——红光满面，又说不晒人

刚出水的虾子——活蹦乱跳

刚揭盖的蒸笼——热气腾腾

刚摘的黄瓜——新鲜

刚吃过黄连吃蜜糖——苦尽甜来

刚出壳的鸡娃——羽毛不全

刚冒尖的竹笋——又鲜又嫩

刚出窝的麻雀——翅膀不硬

刚出土的幼芽——嫩得很

刚出生的娃娃——没见过世面

刚出窝的燕子——叽叽喳喳

刚过门的小媳妇——忸忸怩怩

光棍儿分田——单干

光棍对光棍——二杆子

光棍儿种地——自食其力

光棍汉娶寡妇——两全其美

光起风不下雨——干吹

光打雷不下雨——图个好听的，又说虚张声势

光腚上花椒树——刮皮

光着屁股压屋脊——让四邻看不上眼

光着屁股看戏——丢人现眼

光叫的猫——捉不住老鼠

网包里的田鸡——瞎撞

网兜里放泥鳅——一个不留

网船上的鱼鹰——被人牵着走

网兜打水——徒劳一场

网里的鳖——瞅见光明没出路

网套里的山鸡——再扑腾也逃不出去

早上的林中鸟——各唱各的调

早晨打发闺女，中午接来媳妇——双喜临门

早起碰见抬轿的——出门见喜

肉包子打狗——有去无回

肉骨头落了锅——肯（啃）定了

丢掉西瓜捡芝麻——因小失大

丢掉水牛撵蚊子——因小失大

丢掉金钟拣铜壶——得不偿失

丢了竿子的盲人——寸步难行

丢了媳妇打赔房——人财两空

丢了砍柴刀打樵夫——忘本

丢了铁锤担灯草——拈轻怕重

丢了羊群拣羊毛——大处不算小处算

丢下黄羊打蚊子——不知哪大哪小

丢下犁耙拿扫帚——里里外外一把手

丢了斗笠——冒（帽）失

丢了邮包——失信了

丢了一只羊，捡到一头牛——吃小亏占大便宜

多吃了豆腐——心肠太软

多吃了肥肉——油腔滑调

多吃了烤红薯——尽放屁

多吃咸盐——爱管咸（闲）事

多吃了腌蒜头——一张臭嘴

多吃了盐巴——爱管闲（咸）事

多年的旧被絮——老套子

多嘴的乌鸦来报喜——充什么好鸟，又说没人信

多年的媳妇——熬成婆

多年的朋友——老交情

多年的师傅——技术高明，又说一手好手艺

伏天的太阳——热得狠

伏天吃西瓜——痛快

伏天戴棉帽——乱套

伏天的雨——来得凶，去得快

杀猪捅屁股——冒充行家，又说不称职的杀猪匠

杀猪割耳朵——不是要害

杀猪割尾巴——各有各的杀法

杀鸡取蛋——断了后路

杀鸡灌汤——大扑腾

杀鸡使牛刀——大材小用

杀鸡用上宰牛的劲——真笨，又说小题大做

杀牛取肠——不合算

杀人强盗念佛经——假慈悲

杀死娃娃敬菩萨——人也整死了，神也得罪了

舌头打滚——含糊其辞

舌头打结——难缠

舌头绕到牛桩上——胡搅蛮缠

舌头上磨剃刀——吃亏的是自己，又说蠢人干险事

舌头上长了酸枣树——说话带刺

舌头伸到水缸里——沾不着边

舌头舔鼻子——差一截

舌头下藏宝剑——不露锋芒

舌头咽进肚子里——浑身有嘴说不出话

舌头长刺——出口伤人，又说说话带刺

先吃黄连后吃甘草——先苦后甜

先吃黄连后吃蜜——苦尽甜来

先穿鞋子后穿袜——乱套，又说不知先后

先打鹞鹰后抓鸡——一箭双雕

竹篾编的鸭子——没心没肝

竹竿测天——够不着

竹竿子探探浅深——一下子戳到底

竹竿量天——差一大截

竹竿横扛——拐弯难

竹竿捅马蜂窝——乱了套

竹竿子吹火——上下不通气

竹匠劈毛竹——直直落落

竹筷子穿藕——尽挑眼来

竹筐里担水——两头空

竹篮打水上山峰——一场欢喜一场空

竹篮关泥鳅——这边关那边溜

竹林的笋子——嘴尖毛长

竹笼里的凤凰——有翅难飞

竹篾里捉螃蟹——十拿九稳

竹筛子当锅盖——窟窿多，又说跑气

竹笋冒尖顶翻石头——腰杆子硬

竹筒里倒豆子——有啥倒啥

竹筒子枕脑壳——空想

竹叶包竹笋——哪个不知道哪个根底

竹叶青打喷嚏——满嘴放毒

竹子冒笋——一代胜似一代

竹子做笛——受不完的气

农业是国民经济的基础——千真万确

农林牧副渔——农业居首位

农民要致富，首先修好路——实践经验的总结

农人说谷，屠夫说猪——干一行爱一行

农忙做生意——失策

农村的老牛——苦一辈子

农产品——土生土长

农夫救蛇——反被其害

闭着眼睛跳舞——盲目乐观

闭着眼睛捉麻雀——瞎碰

闭着眼睛鼓风——瞎吹

闭着眼睛卖布——瞎扯

闭着眼睛摸田螺——瞎抓

闭着眼睛作报告——瞎说

闭着眼睛走路——达不到目的，又说瞎碰

冰糖拌黄瓜——甘甘脆脆

冰糖拌黄连——同甘共苦

冰雹砸了棉花地——全是光棍

冰凌调豆腐——难办（拌）

冰山上画画——好景不长

冰天雪地发牢骚——冷言冷语

冰山上的雪莲——动（冻）了心

冰糖蒸荔枝——甜得狠

池里的王八，塘里的鳖——一路货

池塘里的荷花——出污泥而不染

池塘里摸菩萨——劳（捞）神

池塘里的荷叶——随风摆

池边洗萝卜——一个一个来

池塘里的藕——心眼儿多

池塘里的青蛙——叫起来没个完

池中捞藕——拖泥带水

江里的浪花——不是吹的

江边上洗萝卜——一个个来

江岸插柳——扎下根子

江边的鹭鸶——老等，又说等吃

江边上的蚊子——吃客

江河里发大水——一浪高一浪

江湖郎中医病——说真方卖假药

江湖佬耍猴子——名堂可多了

江湖骗子耍贫嘴——夸夸其谈，又说自吹自擂

江中的鲤鱼——油（游）惯了

江中浪上兜圈子——团团转

汤锅里炖鸭子——只露一张嘴

汤锅里的小麦——面熟

汤锅里的猪——死定了

汤锅里下笊篱——捞不出油水来

汤锅掉煤堆——混淆黑白

灯草搓绳——紧不起来

灯草抵门——撑不住

灯里无油——点不明，又说不亮

灯罩里的蛾子——扑腾不到哪里去

灯草撑屋梁——做不了主（柱）

灯草打老牛——无关痛痒，又说不痛不痒

灯草打更锣——不想（响）

灯草抵门——靠不住，又说不可靠

灯草灰咽肚里——说话没分量，又说灰心

灯草剖肚——开心（芯）

灯草烧的灰——飘飘然

灯草织布——枉费心机，又说用错了料

灯草做火把——一亮就完

灯蛾扑火——引火烧身，又说自取灭亡

灯笼点蜡烛——心里亮，又说肚里明

灯笼海椒——不辣

灯笼救火——惹火烧身

灯笼做枕头——承受不起，又说难撑

灯笼失火——露骨

灯下点烛——白费蜡

灯盏添油——不变心

灯盏无油——光费心（芯）

灯芯草挑刺——太软

关着窝抓鸟——一个也飞不了，又说十拿九稳

关着房门救火——毁灭自己

关着鸡窝要蛋——紧逼

关住笼子抓鸡——稳拿

关公面前要大刀——保你不扑空，又说好不识相

关公舞大刀——拿手好戏

关公开刀铺——货真价实

关着门炒辣椒——够呛

关二爷当木匠——大刀阔斧

关门不上闩——顶住

关门打瞎子——跑不脱

关门捉鸡——飞跑不掉，又说十拿九稳

关上门打狗——跑不掉

关门打锣——名（鸣）声在外

关起门来称皇帝——自吹自擂

关灯打婆娘——暗里使劲，又说别人没法劝

关进笼里的狗熊——团团转

关进笼子里的猴子——抓耳挠腮

米粑打狗——有去无回

米筛挡阳光——遮不住

米筛装水——漏洞多，又说一场空

米饭煮成粥——糊涂

米店卖盐——多管闲（咸）事

米汤盆里洗脸——糊涂脑袋

米包饺子——只能蒸，不能煮

米汤洗头——糊涂到顶

米仓里的老鼠——不愁没吃的

米汤锅里熬芋头——糊里糊涂

米汤泡稀饭——亲（清）上加亲（清）

米汤盆里的灰面——越搞越糊涂

米粥里煮花椒——麻烦（饭）

米糠里榨油——没大油水

羊嘴没草——干嚼

羊子不长角——狗头狗脑

羊子遇见虎——给大王送菜

羊和虎睡——靠不住，又说敌我不分

羊肠子河——弯弯多

羊羔钻进老鼠口——只进不出，又说送死

羊闯狼窝——白送死

羊头钻在篱笆里——进退两难

羊顶架——头碰头

羊羔踩到泥田里——不能自拔

羊儿伴老虎——靠不住

羊儿嫁女——自愿

羊儿嫁狗儿——各自情愿

羊羔吃奶——跪下求食

羊粪蛋下山——滚吧

羊肝肺掉进灰堆里——心不净

羊角插在篱笆里——伸头容易缩头难

羊圈里的牛——显露头角

羊圈里关狼——自招祸灾

羊圈里养狼——不用喂，又说不愁没吃的

羊圈兔子——野牲口

羊圈里来头驴——冒充老大哥

羊圈里的驴粪蛋——数你大

羊栏里面的驴粪球——是个大头头

羊群里跑出个骆驼——就显得你大

羊群里出骆驼——与众不同

羊群里跑出个驴子来　　好大的脑袋

羊群里跑出一只狗——不蹦哪显着你

羊群里跑出个兔子——就你小，就你捣

羊群里跑出骆驼来——没人想到

羊群里跑进一只狼——遭殃

羊屎蛋坐飞机——一去不回来

羊屎蛋插鸡毛——想上天

羊身上取驼毛——想得出奇，又说天下奇闻

羊屎蛋下棋——不是好子

羊尾巴栓棒槌——作好打狼的准备

庄稼过了白露——一天不如一天

庄稼人种五谷——土生土长

庄稼老汉背木锨——扬长而去

庄稼老汉爬梯田——步步高升

庄稼老汉担茅粪——两头死（屎），又说挑屎

庄稼佬进城——少见多怪

庄稼佬看告示——一篇大道理

庄稼人点豆子——一步两溜子

庄稼人刨地——土里土气

好人堆里挑坏人——不多

好心人遭雷打——冤枉

好马不吃回头草——走了不来，又说有志气

好藕不怕泥——一身洁白

好人喊冤——不平则鸣

好汉不吃眼前亏——识时务

好花插在牛粪上——可惜

好人坐班房——不白之冤，又说冤假错案

好心当作驴肝肺——不识好歹

红白喜事一起办——悲喜交加

红荆条里耍镰刀——削条

红萝卜拌辣椒——吃出没看出

红萝卜雕花——好看不好吃

红萝卜雕神像——饮食菩萨

红萝卜掉油篓——又奸（尖）又猾（滑）

红萝卜刻娃娃——小红人

红木当柴烧——不识货

红皮萝卜——外红里不红

红皮萝卜紫皮蒜——辣嘴

红枣炖冰糖——甜透了

红糖拌蜜——甜上加甜

红线串灯芯草——心连心

红眼老鼠出油缸——吃里爬外

红娘牵线——成人之美

红着眼睛咬着牙——怀恨在心

买咸鱼放生——尽做冤枉事

买把韭菜不择——抖起来了

买面的进了灰石店——走错了门

买豆腐花了肉价钱——不划算

买干鱼放生——不知死活

买个灯笼不安蜡——你想咋着，又说没用

买个罐了打掉了鼻儿——别提啦

买个老驴不吃草——毛病不少

买个小猪喂百年——久仰（养）

买花生不拿秤——抓起来

买黄豆芽不要秤——乱抓

买老牛置破车——只顾眼下

买猪头讨个胆——自讨苦吃

收割机上的镰刀——揽头宽

收割了的庄稼地——一溜精光

收了庄稼到田间——找茬

收了白菜种韭菜——清（青）白专家

收鸡毛的挑刺——找毛病来

收鸡蛋的摔跤——落壳

收生婆带说媒——包到底

收生婆洗手——快下了

收生婆抱了个大肉蛋——怪态（胎）

收音机里唱戏——听到声音瞧不见人

收音机里拉笛——到点啦

孙悟空捉妖——变化无穷

孙猴子七十二变——神通广大

孙悟空翻跟头——一步十万八千里

孙悟空的脸面——说变就变

孙猴子大闹天宫——慌了神

孙悟空的金箍棒——运用自如

孙猴子的手脚——闲不住

孙悟空看蟠桃园——非坏事不可，又说越看越少

孙悟空到了花果山——称心如意

孙猴子上玉皇殿——闹得天翻地覆

孙悟空的本事再大——难逃如来佛的手心

孙悟空打猪八戒——倒挨一耙

孙悟空戴紧箍咒——自讨不自在

孙悟空火烧白骨精——原形毕露，又说真相大白

戏台上的胡须——是假的

戏台上挨刀——装死

戏台上的官——快活不了多久，又说戏完就下岗

戏台上的夫妇——无情无义

戏台当皇上——一时的官儿，又说威风一会儿

戏台底下掉泪——替古人掉眼泪

戏台里边叫好——人家不捧场，自己捧场

戏台上起牛号——称王称霸

戏台上的房屋——说拆就拆

戏台上的夫妻——下台就散

戏台上的皇帝——威风不了几时

戏台上的轿——没底

戏台上的玉帝爷——样子神气

戏台上赌咒——口是心非

戏台上跑龙套——摇旗呐喊

戏台上说话——不办真事

戏台上着火——热闹一阵

戏园子里看《论语》——心不在焉

阳春三月的桃花——越老越红

阳春三月的麦苗——节节长

阳场上泼水银——无孔不入

阳光下的冰凌——长不了

阳光下的雪人——化了

阳光下的夜猫子——装迷糊

阳雀叫三年——年年是句成话

阳伞去了布——铁骨铮铮

阳伞骨子——朝外撑

阳伞虽破骨子不差——穷得清白

阳山吃草，阴山拉屎——背地坏

阴沟里种藕——扎不下根

阴沟里的鸭子——肥了肚啦

阴沟里的泥鳅——难翻大浪

阴沟里的篾条——总有翻梢

阴沟里的篾片——自有翻身之日

阴沟里的泥鳅——滑得很

阴沟里的鸭子——肥了肚啦

阴沟里栽藕——根子不净

阴天吃凉粉——不看天气

阴天戴着草帽——多此一举

阴天卖泥人——趁早收场

阴天晒衣裳——白搭

阴天晒被子——不是时候

阴雨天拉稻草——越拖越重

阴天院里翻跟头——影子也没有

七　画

芭蕉叶插在古树上——粗枝大叶

芭蕉秆做桩子——不结实

芭蕉结果——一条心（蕊）

芭蕉上的露水——不长久

苍蝇叮菩萨——看错人头

苍蝇飞进花园里——装蜂（疯）

苍蝇采花——装蜂（疯）子

苍蝇吃蜘蛛——自投罗网

苍蝇钻到瓶瓶里——四处碰壁

苍蝇洗脸——假装干净

苍蝇撞上蜘蛛网——自投落网

苍蝇吃大粪——臭味相投

苍蝇吃鸡蛋——无孔不入

苍蝇落在臭蛋上——见缝下蛆

苍蝇钻茅房——沾腥惹臭

花公鸡的尾巴——翘得高

花果山的猴子——无法无天

花和尚穿针鼻——大眼瞪小眼

花匠捧仙人球——扎手

花前月下散步——触景生情

花蛇过溪——弯弯曲曲

花生米掉锅里——熟人（仁）

花心萝卜充人参——冒牌货

花果山的美猴王——个小本领强

花和尚吃酒肉——明知故犯

花椒炒生姜——又麻又辣

花椒熟了——黑了心

花椒煮猪头——肉麻

花椒树——全身是刺

花落结个大倭瓜——看也看了，吃也吃了

把狼关进羊群里——自讨苦吃

把镰刀挂脖子上——找着不自在

把妖魔当成菩萨拜——害己又害人，又说不分真假

把娃娃当猴耍——愚弄人

扳不倒照镜子——里外不是人

扳倒大树掏雀窝——拣有把握的干

扳倒是鼓，反转是锣——两面派

扳着指头算账——有数

扯乱了的丝线——找不到头

扯东篱笆围西壁——顾此失彼

扯秧子摘西瓜——两不耽误

扯着虎尾喊救命——找死

扯着老虎尾巴抖威风——好大的胆子

杨柳开花——无结果

杨柳树剥皮——光棍一条

杨柳做犁牌——都怪梨木不成材

杨梅子加醋——酸气十足

杨树的叶子——两面光

杨柳树的屁股——坐下就扎根

杨七郎搬兵——一去不回

杨五郎当和尚——半路出家

抓把红土当朱砂——不识货

抓鸡不成倒蚀一把米——得不偿失

抓着荷叶摸藕——追根到底

抓着葫芦当瓢打——昧了良心

抓住渔船当鞋穿——大手大脚

抓抓大蒜捏捏葱——啥也干不成

村庄上的鼓——谁都能打

豆饼充饥——空喜欢

豆腐拌腐乳——越弄越糊涂

豆腐掉灰里——没法收拾，又说黑白不分

豆腐里挑刺——没事找事

豆腐里挑骨头——故意挑剔

豆腐煮猪血——黑白分明

豆腐喂老虎——口粘

豆腐挡刀——自不量力，又说招架不住

豆腐店的买卖——软货

豆腐店里的东西——不堪一击

豆腐掉在痰盂里——洗不清，又说洗不净

豆腐炖骨头——有软有硬

豆腐盘成肉价钱——不划算

豆腐脑儿挑子——两头热

豆腐身子——经不起摔打

豆腐渣包饺子——捏不拢，又说用错了馅

豆腐渣炒樱桃——有红有白

豆腐渣炒藕片——净填眼

豆腐渣糊门——不沾（粘）板

豆腐渣下水——轻松，又说一身轻

豆腐渣蒸馒头——散了

豆腐做匕首——软刀子

豆芽拌粉条——内外勾结

豆芽包饺子——内中有弯

豆芽的一生——总受压

豆芽做拐杖——嫩得很，又说不可能

坟场上光屁股——丑死人

坟场上说相声——乐死人

坟圈子唱戏——闹鬼

坟窟窿里逃出个兔子——没人形

坟茔前立碑——记生记死

坟头上耍大刀——吓死人

坟头上的夜猫子——不是好鸟

坟头上插雪茄——缺德带冒烟

坟头上的乌鸦——人人都恨

坟头上种牡丹——死风流

坟地里拉弓——色（射）鬼

坟地里打拳——吓鬼

坟地里冒青烟——阴阳怪气

坟地里躺个酒鬼——醉生梦死

坛子里的豆芽菜——直不起腰

坛子里的乌龟——净等着挨抓

坛子里放炮——瓮声瓮气

坛子里和面——插不上手

坛子里捉乌龟——哪里走，又说十拿九稳

坛子里喂猪——插不上嘴

坛子里养花——不高

两个哑巴见了面——没说的

两个风筝一起飞——胡搅蛮缠

两个锤敲一面锣——响到一处

两口子分家——各人顾各人

两公鸡打鸣——你叫一声，我叫一声

两手伸进鸡蛋篓——十拿九稳

两根藤上结的瓜——扭不到一块

两口子拜堂——欢天喜地

两口子打架——不劝自罢

两手捧寿桃——有礼

两张麻纸画了个驴头——好大的面子

两只老虎打架——谁怕谁

麦秆儿做电杆——不是这块料

麦秸火——一点就着

麦芒掉进针眼里——凑巧了

麦田里撒黄豆——杂种

麦田捉乌龟——十拿九稳

麦田里着火——茫然（芒燃）

麦苗当韭菜——五谷不分

麦茬地里磕头——戳眼

麦秆顶门——白费力

麦秆当秤——没斤没两

麦秆儿吹火——小气

麦秆当秤——把人看得太没斤两

麦草秆称人——把人看轻了

麦草棍打鼓——不想（响）

麦秸秆里瞧人——小瞧

麦秸堆里装炸药——乱放炮

麦茬地里种谷子——顽固（晚谷）

麦茬儿地——不离（犁）

寿星打算盘——老谋深算

寿星老儿练琵琶——老调重弹

寿星跳舞——老天真

吹了灯讲故事——瞎说

吹鼓手办喜事——自吹

吹火筒不通——赌（堵）气

吹糠见米——本小利大

吹牛皮赚钱——无本生意

吹气灭火——口气不小

吹糖人出身——口气挺大

吹牛皮不犯死罪——大话由你说

吹气的糖人——一碰就破

旱苗得雨——正逢时，又说长得快

旱天的井——水平太低

旱田里的泥鳅——钻得深

旱鸭子过河——不知深浅

旱地的乌龟——没处逃生

旱地里的螃蟹——横行不了几天

旱地里捉鸭子——干扑棱

旱塘里的青蛙——盼下雨

旱天的水井——不满

旱天的庄稼苗——死不死，活不活

旱天逢甘霖——正合适

园子里的辣椒——红到顶了

卤水点豆腐——一物降一物

肚子里撑船——内行（航），又说肚量大

肚子里照灯笼——自家心里明白

肚子里定亲——前世姻缘

肚皮上磨刀——好险

肚里开飞机——内行（航）

肚里容不得一根毛——心胸太小

肚里长牙齿——心里狠

肚里装着冰坨子——说话冷冰冰硬邦邦

肚皮里安电灯——心里亮，又说肚里明

肚皮上磨刀——好险，又说冒险，还说危险

肚脐眼里点灯——心照不宣

肚脐眼里藏书——满腹经纶

肚脐眼里说话——妖（腰）言，又说谣（腰）言

肚脐眼里通电——心明眼亮

肚脐眼长笋子——无济于事

肚子饿了填黄连——自讨苦吃，自找苦吃

谷糠擦屁股——不利索

谷糠榨油——难上难，又说油水不大

谷糠蒸窝头——捏不拢，又说难捏合

谷子地里长高粱——出人头地

谷子地里长玉米——突出

你吹喇叭我吹笛——各有各的调门

你有秤杆我有砣——配得起你

你卖门神我卖鬼——同行

你吃鸡鸭肉，我啃窝窝头——各人享各人福

你做生意我教书——人各有志

秃子头上的虱子——藏不住，又说明摆

秃子挠头——没发

秃子顶上捉虱子——明摆着

秃子不要笑和尚——彼此都一样

秃娘养了个秃女儿——别人不夸自己夸

秀才不出门——能知天下事

秀才遇到兵——有理说不清

初吃甘蔗——尝到了甜头

初次挖藕——摸着干

初二三的月亮——不明不白

初晴露太阳——重见天日

初生的牛犊——不怕虎

初一夜里出门——处处不明，又说漆黑一团

初八当重阳——不久（九）

床底下吹号——低声下气

床底下放风筝——飞不高，又说不见起

床底下鞠躬——抬不起头来

床底下关鸡——提醒你

床底下练武——施展不开

床底下打拳——施展不开

快刀砍水——难分开

快刀切西瓜——迎刃而解

快刀切凉粉——不出全力，又说一刀两断

快刀切藕——不留一丝一缕

快刀砍骨头——干干脆脆

快刀切豆腐——不费劲，又说两面光

快刀切萝卜——干脆

快刀斩乱麻—— 一刀两断，又说干干脆脆

没帮的破鞋——提不起来

没病抓药——自找苦吃

没底的箩筐——直来直去

没王的蜜蜂——乱哄哄

没笼头的牲口——野惯了

没头的麻雀——瞎扑瞎撞

没切开的西瓜——红白不分

没砣的秤——分不出轻重

没事吃瓜子——闲打牙

没事钻烟囱——碰一鼻子灰

没头的苍蝇——瞎起哄

没窝的野鸡——东跑西飞

没眼判官进财场——瞎鬼混

没有根的浮萍——无依无靠

没长嘴的葫芦——不言不语，又说口难开

沙地拔萝卜——干净利落

沙锅里炒胡豆——炸不开

沙罐里炒豌豆——小打小闹

沙锅炒石头——油盐不进

沙锅捣大蒜——好坏就这一锤子

沙锅子捣蒜——一锤子买卖

沙锅里煮鸡头——眼烂了嘴还硬

沙漠里播种——一无所获，又说白费力

沙滩上晒谷子——自讨麻烦

沙滩上走路——一步一个脚印

沙滩上的水豆腐——没法收拾

沙滩上盖楼房——底子不行

沙滩上拣小米——不够工夫钱

判官办案——吓死人

判官演魔术——尽耍鬼把戏

判官赶集——尽是鬼

穷人卖仔——逼不得已

穷人买米——只要一声（升）

穷寡归回娘家——苦衷难诉

穷皮匠的家当——破鞋

穷债户过年——躲躲闪闪

穷汉下馆子——肚里空，兜里光

穷人点蜡烛——大家借光

灶旁的风箱——煽风点火

灶王爷上天——好话多说，坏话少说

灶王爷吹灯——好神气

灶王爷升天——上天言好事

灶边磨子——推一下，动一下

灶火坑里烧山药——吃里爬（扒）外

灶火门上弹棉花——开不了弓

灶火膛里扒出个烧馍馍——又吹又打

灶坑里烧王八——又鳖气又窝火

灶门口烧粑粑——趁热的拿

灶门口栽杨柳——好景不长

灶门前烧火棍——越来越短

灶上的炒勺——尝尽了甜酸苦辣

灶膛里的老鼠——灰不溜溜

灶膛里烧麦秸——满膛火

灶膛里添火——暗使劲

灶眼里烧黄鳝——烧熟一节吃一节

阿公吃黄连——苦爷

阿婆留胡子——反常，又说冒充公

阿庆嫂的态度——不卑不亢

陈谷做种子——难发芽

陈世美不认秦香莲——喜新厌旧

陈醋煮青梅——酸得狠

鸡衔骨头——替狗累

鸡毛掸子——尽招灰

鸡毛上天——轻狂

鸡毛当令箭——吓唬人

鸡毛过河——不成（沉）

鸡毛掸沾水——时髦（湿毛）

鸡毛掉井里——不声不响

鸡毛与蒜皮——没多少斤两

鸡窝里飞出金凤凰——异想天开

鸡戴帽子——官（冠）上加官（冠）

鸡给黄鼠狼拜年——自投罗网，又说找死

鸡拿耗子猫打鸣——乱套了

鸡笼里过日子——一身的窟窿

鸡蛋和西瓜——经不起摔打

鸡蛋里面找骨头——百般挑剔

鸡蛋炒螃蟹——爬的爬，滚的滚

鸡蛋里挑骨头——没碴打碴

鸡蛋打豆腐——欺软怕硬

鸡蛋里挑骨头——找茬儿

鸡蛋里挑刺——无中生有

鸡蛋碰石头——不是对手

鸡蛋清子熬白菜——清汤清水

鸡孵鸭子——白忙一场

鸡巢里的凤凰——至高无上

鸡吃黄鼠狼——怪事

鸡披袍子狗戴帽——衣冠禽兽

鸡飞蛋打——两头落空

鸡梦见小米——光想好事

鸡屁股后面拴绳子——扯蛋

鸡司晨，犬守夜——各守本分

鸡窝边的黄鼠狼——不轻易回头

鸡遇黄鼠狼——胆战心惊，又说倒了大霉

鸡长牙齿蛋生毛——无奇不有

驴子拉磨——任人摆布

驴子推磨——走的老道儿

驴粪蛋——外面光

驴子赶到磨道里——不愿转也得转

驴拉碾子牛耕田——各行其是（事），又说各走各的道

驴头伸进马食槽——插不上嘴

驴子掉进阴沟里——乱谈（弹）一气

驴粪蛋插花——臭美

驴跑马跑——一步赶不上，步步都紧张

驴和牛打架——全仗着脸面硬

驴驹跟马跑——老落在后头

驴子照镜子——老脸没变

驴子打滚——四脚朝天

八　画

拔锅起灶——一干二净

拔苗助长——好心办坏事，又说急于求成

拔草引蛇——自讨苦吃，又说自找苦吃

拔葱种海椒——一茬比一茬辣

拔节的高粱——节节高，又说节节上升

拔了萝卜——窝还在

拔了毛的凤凰——不如鸡

拔了毛的鸽子——看你怎么飞

拔了萝卜栽上葱——一样换一样

抱着棍子推磨——死转一个圈儿

抱着石头撞天——不知天高地厚

抱黄连敲门——苦到家了

抱鸡婆打摆子——窝里战，又说又扑又颠

抱在怀里的西瓜——跑不了，又说十拿九稳

抱着擀面杖当笙吹——一窍不通

抱着孩子拜天地——双喜临门

抱着葫芦不开瓢——死脑筋

抱着黄连做生意——苦心经营

抱着石头跳深渊——死不回头

拆了东篱补西壁——穷凑合，又说顾此失彼

拆屋逮耗子——因小失大，又说顾此失彼

拆东墙补西墙——顾此失彼

抽刀断水——枉费心机

抽了架的丝瓜——蔫了

抽了筋的老虎——塌了架

抽芽的蒜头——多心

抽干塘水捉鱼——一个也跑不了

抽了脊梁骨的癞狗——扶不上墙

拉肚子吃补药——白费劲

拉骆驼放羊——高的高，低的低

拉石灰车遇到倾盆雨——心急火燎，又说倒霉透了

拉着虎尾喊救命——自己找死

拉叫驴上市——冒充大牲口

拉屎拉到鞋跟儿里——提不得，又说臭脚

拉便粪嗑瓜子——进的少出的多

拉车的扒外胎——跑气啦

拉车拉到路边边——使偏劲

拉大车卖馄饨——本钱不大，架子不小

拉大旗作虎皮——吓唬人

拉着胡子坐摇篮——装孙子

拉来黄牛当马骑——穷凑合

拉磨的驴尥蹶子——跳不出圈子

拉牛上树——蛮干

拉完磨子杀驴——以怨报德

抬起台子卖螃蟹——买卖不大，架子不小

抬着牌坊卖肉——好大架子

抬石头过河——稳稳当当

抬石头上山——吃力不讨好

抬头掉帽子——太望高了

抬头只见帽檐，低头只见鞋尖——目光短浅

抬腿上半空——一步登天

抬着豆饼槽里挤——还有多少油水

拖拉机撵兔子——使不上劲儿，又说干瞪眼

拖拉机犁大田——喜欢直通通的搞惯了

拖拉机撵飞机——干瞪眼，又说自不量力

拖尾巴蛆戴花——穷臭美

表店的师傅——成天看钟

表兄娶表妹——亲上加亲

厕所里的茅缸——装死（屎）

厕所里照镜子——臭美

厕所里挂表——有始（屎）有终（钟）

刺笆林中的苦蒿——没人采

刺猬在巴掌上打滚——碰到棘手事，又说棘手

刺窝里摘花——下不了手

刺笆林中的苦蒿——没人爱

刺槐做棒槌——扎手

卖面的不带秤——存心不良

卖醋不管打酱油——少管闲事

卖鸡蛋的摔筋斗——没有一个好的

卖了牛崽买个猴——好玩

卖肉的不带秤——掂斤估两

卖豆腐搭戏台——买卖不大，摊子倒不小

卖豆腐的摔挑子——倾家荡产

卖瓜的不喊瓜苦——自己不说自己坏

卖花生的不拿秤——抓起来，又说干估

卖灰面遇大风——倒霉透了

卖鸡蛋的跌筋斗——滚蛋

卖瓦盆的摔跟头——乱了套

卖糨糊的敲门——糊涂到家了

卖糖糕的上楼——熬上去了

卖了馄饨买面吃——没事找事

卖了裤子换镯子——穷讲究

卖了生姜买蒜吃——换换口味

卖肉的切豆腐——不在话下

卖烧鸡的不喊——窝脖

卖水萝卜的——不拆把儿

卖蒜忘了讨钱——失算（蒜）

卖西瓜碰到卖王八的——滚的滚，爬的爬

卖鱼的洗澡——去去腥气

卖猪肉的关门——只剩架子，又说收拾（市）

卖砖头砌窑——专款专用

卖米不带升——居心不良（量）

卖瓦盆的摔跟头——乱了套

卖盐的喝开水——没味道

卖棺材的咬牙——恨人不死

卖豆芽的抖搂筐——干净利索，又说退市了

卖牛卖地娶回个哑巴——无话可说

卖鸭蛋的换筐——捣（倒）蛋

苞谷做馍馍——黄的

苞谷面糊——没大油水

苞谷面打浆糊——不粘

苞谷蒸酒——冲劲大

苞谷做粑粑——好看不好吃

苞米面做元宵——捏不到一块儿

苞米秸喂牲口——不是好料

苞谷棒子生虫——专（钻）心（芯）

茅厕里啃香瓜——不对味儿，又说吃着香闻着臭

茅厕边种菜——将就屎

茅厕搭牌楼——摆臭架子

茅厕里铺地毯——臭讲究

茅坑里的石头——又臭又硬

茅坑里丢炸弹——激起公愤（粪）

茅坑里打呵欠——满嗅气

茅坑里出来的——臭不可闻

茅坑里洒香水——多此一举，又说臭中有香

茅坑里安电扇——出臭风头

茅坑里放玫瑰花——显不出香味

茅坑里的大粪蛆——死（屎）里求生

茅坑里的孔雀——臭美

茅坑里的秤砣——又臭又硬

茅坑里栽花——脸面好看，根子臭；又说好看不好闻

茅房顶上竖大旗——臭名昭著

茅山道士作法——装神弄鬼

茄子地里长蒺藜——坏种坏苗

茄子开黄花——变了种

茄子结辣椒——杂种

茄子枝头结辣椒——怪种

青蛙钻蛇洞——找死，又说死路一条

青蛙求偶——大声叫喊

青蛙过冬——呆着不动

青蛙剥皮——死不瞑目

青蛙望玉兔——有天地之别

青蛙谈恋爱——吵闹不休

青蛙拴在鞭梢上——不值摔打

青鞋唱歌儿——呱呱叫

青蛙笑蝌蚪——忘了自己从哪来了

青蛙爬在脚上——不咬人，吓一跳

青蛙吃黄蜂——倒挨了一锥子

青竹竿掏茅坑——越掏越臭，又说臭气熏人

青竹蛇、黄蜂尾上针——最毒

青面虎下山——小打扮

青草喂牛——有嫩的咬了

青桐木作杠子——硬邦邦

青秸秆打箔——一路货

青染缸里洗澡——一身轻（青）

青菜煮豆腐——没什么油水，又说又青又白

青皮菠萝——还不成熟

青萝卜去皮——充好心

青山上的檀香木——味儿特好，又说四处飘香

青石板抹香油——滑得很，又说滑石

青石头上雕花——起头难

青石板上种西瓜——有心难扎根，又说白干一场

青石板上的青苔——扎不下根

青石板上炒豆子——熟一个，蹦一个

青石板上摔乌龟——硬碰硬

青藤缠树——抱得紧

松花堆里找跳蚤——没个着落

松木料子当柴烧——大材小用

松木着火滴松脂——说办就办，又说自己害自己

松树林里挂灯笼——万绿丛中一点红

松树下长个疙针——此树不成材，反有一身刺

雨点落在沙滩上——点子不少

雨后送蓑衣——虚情假意

雨后春笋——层出不穷

雨后打伞——无济于事

雨后出虹——有情（晴）

雨后的太阳——够热情（晴）的

雨后拔大葱——连根起

雨后送伞——假仁假义

雨后的高粱苗——直往上蹿

雨后的竹笋——节节上升

雨后的蒜薹——全冒出来

雨里挑灰担——越挑越重，又说心急火燎

雨淋菩萨两行泪——假慈悲

雨天的房檐水——下流

雨天走路——淋上了

雨天挑稻草——越挑越重

雨珠落在干土上——没有踪影

肥地长好庄稼——理所当然

肥肉上添膘——肥上加肥

肥猪跑进屠户家——找死

肥猪拱门——送肉来了

肥猪上屠场——挨刀子的货，又说送死

斧头劈蚂蚁——有力无处使，又说大材小用

斧头作菜刀——不灵便

斧砍三江水——不断流

斧头劈水——白费力气

狗扯羊肠——越扯越长

狗逮老鼠猫看家——反常，又说管闲事

狗吠月亮——少见多怪

狗啃骨头——津津有味

狗头上戴眼镜——装人样，又说充斯文

狗吞辣椒——够呛

狗吐舌头——热得很

狗眼看人——咬穷不咬官

狗头戴帽子——装人样

狗不吃屎，狼不吃肉——假装

狗吃羊肠——愈扯愈长

狗吃粑粑——耍嘴皮子

狗咬虱子——瞎嚼

狗咬秤砣——嘴硬

狗头镶角——装佯（羊）

狗吃麻花——干干脆脆

狗吃门帘子——瞎扯

狗吃牛屎——光图多

狗吃粽粑——难开口

狗吃粽子——解不开那个扣

狗吃青草——装佯（羊）

狗改不了吃屎——本性难改

狗穿马褂——装有身份的人

狗戴礼帽——不像人样

狗戴柳罐斗——晕头转向

狗脸上长毛——翻脸不认人

狗抢骨头——争先恐后

狗蹄子打马掌——对不上号，又说找错了对象

狗舔锅底——弄一鼻子灰

狗腿子下乡——百姓遭殃

狗腿子进村——四邻不安

狗尾巴上吊令旗——耀（摇）武扬威

狗尾巴拴秤砣——拖后腿

狗熊掰苞谷——掰一个，丢一个

狗熊戴手镯——混充体面人儿

狗熊的舅舅——假惺惺（猩猩）

狗熊见了刺猬——奈何不得，又说没奈何

狗熊爬烟囱——太难过了

狗熊下老鼠——一代不如一代

狗熊戴礼帽——装大人物

狗熊请客——没人上门

狗熊捉麻雀——瞎扑打

狗咬刺猬——插不进嘴

狗咬云雀——相差太远

狗咬吕动宾——不识真人

狗咬雷公——惹天祸

狗咬日头——狂妄

狗咬老鹰——差得远

狗咬老虎——有去无回

狗咬耗子——多管闲事

狗咬骨头——嘴上的劲

狗咬乌龟——找不着头

狗咬包子——露馅

狗咬尾巴——团团转

狗打哈哈——一张臭嘴

狗逗鸭子——呱呱叫

狗见了主人——摇头摆尾

狗啃大象——不自量力

狗撵耗子——多管闲事，又说瞎逞能

狗撵兔子——急起直追

狗撵鸭子——呱呱叫

狗屁股塞黄豆——一窍不通

狗撕皮袄——乱扯，又说胡扯

狗头军师——出不了好主意

狗头上插花——配不上，又说不配

狗走千里吃屎——本性难移

狐狸精骂架——一派胡（狐）言

狐狸出洞——没好事儿

狐狸找羊交朋友——存心不良

狐狸给兔子吊孝——兔死狐悲

狐狸精变美人——迷人心窍

狐狸精打呵欠——妖里（狸）妖气

狐狸进村——没安好心

狐狸进宅院——来者不善

狐狸看鸡——越看越稀

狐狸想天鹅——得不到口，又说痴心妄想

狐狸给鸡拜年——用心歹毒，又说没好心

狐狸想偷天上月——梦想

和尚敲木鱼——老一套，又说年年如此

和尚摸头——没法（发）

和尚去云游——出事（寺）了

和尚训道士——管得宽

和尚搬家——事（寺）不好

和尚头涂油——滑头

和尚吃豆腐——家常便饭

和尚笑尼姑——大家都无法（发）

和尚念经——老调重谈（弹），又说照本宣科

和尚撞钟——得过且过

爬上马背想飞天——好高骛远

爬到梁上拉屎——摆臭架子

爬海的老螃蟹——翻不起大浪

爬楼梯吃甘蔗——步步高，节节甜

爬上房子摘星星——看得见，摸不着

爬上山顶打铜锣——站得高，想（响）得远

受潮的棉花弹棉絮——谈（弹）来谈（弹）去谈（弹）不拢

受旱的苦瓜——熟得早

鱼朝笆篓凑——找死

鱼刺卡喉咙——吞不下，吐不出

鱼儿跟着鳖游——甘充龟儿子

鱼飞天空马生角——怪得出奇了

鱼见鹭鸶——骨头软

鱼篮子打水——净是漏洞，又说一场空

渔网捕虾米——白费劲

鱼虾酱喂鳖——叫你难咽

炒菜不放盐——淡得没味

炒菜放油盐——理所当然

炒面捏娃娃——熟人

炒咸菜不放盐——有言（盐）在先

炒面捏的寿星——老熟人

炒菜的锅铲——尝尽了酸甜苦辣

炒米机爆玉米——花多

房顶上落雪——无声无息

房顶上的冬瓜——两边滚

房顶上开门——六亲不认

房脊上捉鸡——不好捉摸

房梁上挂水壶——水平（瓶）高

放出笼子的鸟——远走高飞，又说有去无回

放风筝的断了线——没指望了

放虎归山——自讨麻烦

放火烧山林——不顾根本

放牧的换草场——挪挪窝，又说换个场地

放羊的打柴——捎带着干，又说顺便的事

放牛娃放马——乱套了

放鸭子上山——找错了地方

放羊的打兔子——捎带上它了

放羊娃盖楼房——发了洋（羊）财

放着糕点吃黄连——自找苦吃

河里长菜——不焦（浇）

河里王八爬上岸——亮亮相

河里的浮萍——扎不下根

河里的泥鳅——老奸巨猾，又说滑得很

河里的螃蟹——横行

河里捞不到鱼——抓瞎（虾）

河里木材乱漂——目（木）无组织

河水不犯井水——互不相干，又说各不相干

河边种菜——缺不了谁（水）

河边洗煤砖——闲着无事干

河沟里的泥鳅——翻不起大浪

河鱼下海——不知咸淡

泥瓦匠出身——和稀泥

泥瓦匠砌墙——两面三刀

泥巴捏的小子——没骨气

泥水匠招手——要吐（土）

泥水匠拜佛——心里明白

泥水匠的瓦刀——光图（涂）表面

泥人儿掉在河里——没人样了，又说没救（舅）

泥菩萨过河——自身难保

泥菩萨摆渡——难过

泥菩萨洗脸——越洗越难看

泥菩萨打架——两败俱伤

泥菩萨洗脸——失（湿）面子

泥菩萨摔跤——散架了

泥捏的老虎——样子凶

泥捏的佛像——没心没肝

泥捏的娃娃——看着像人不是人

泥鳅对黄鳝——滑头对滑头

泥鳅打鼓——乱谈（弹）

泥鳅喝石灰水——死硬

泥鳅游水——掀不起大浪

泥鳅也想翻大浪——自不量力

泥鳅上沙滩——不怕你猾（滑）

泥娃娃的脑壳——七窍不通

油缸里的泥鳅——又溜又滑

油罐子掉了耳子——没法提

油锅里放锥子——又奸又诈

油锅里捞钱——不怕烫手，又说烫手

油锅里炸虾——活蹦乱跳

油锅里煮豆腐——越煮越燥

油瓶子倒了都不扶——懒到家了

油条泡汤——浑身发软

油鞋里出烟——有点脾气（皮气），又说脾气（皮气）上来了

油炸臭豆腐——闻着臭，吃着香

油炸麻花——干脆

油炸芝麻花——有股拧劲

空蒸笼上锅——争（蒸）气

空心大树——图虚名，又说老了

空心罗汉——没肚量

空心萝卜——中看不中吃

空中打算盘——算得高

空中掉馅饼——喜从天降

空做梦吃糖——想甜了

空手挖萝卜——一个个地提拔

庙里的和尚撞钟——名（鸣）声在外，又说得过且过

庙里的木鱼——合不拢嘴

庙里的猪头——各有主

庙里的泥象——有人样，没人味

庙里的佛爷——有眼无珠

庙前长高粱——想跟菩萨比高低

夜蝙蝠钻旮旯——哪里黑往哪里去

夜蝙蝠渡海——无着落

夜蝙蝠回家——挂起来

夜晚的蝙蝠——见不得阳光

夜不关门——穷壮胆

夜耗子偷食——黑天干的事

夜壶摆在床底下——见不得人

夜壶戴草帽——装人样

夜壶里出烟——臊气劲儿

夜壶里的耗子——走错了路

夜壶里炖萝卜——腌脏菜，又说又脏又臭

夜壶里栽葱—— 一把

夜壶里生豆芽——肮脏菜

夜壶里洗澡——怎么进去的，又说越洗越脏

夜壶没把——提不起来

夜里吃甘蔗——暗暗的甜在肚中

夜里拣个黄瓜——摸不着头尾

夜里的雨雪——下落不明

夜里进城——不知哪头是门

夜里说梦话——难理会，又说说话不算话

夜里行车——静悄悄

夜里睡在磨盘上——推醒

夜里行船——摸不着边儿

夜里开火车——前途（头）光明

夜猫子进宅——无事不来

夜猫子爬窗户——没有好事干

夜猫子唱歌——不是好声调

夜猫子跟着乌鸦飞——谁也别装俊鸟

夜猫子咬鸡——死不丢

夜猫子拉小鸡——有去无回

夜猫子睡觉——睁只眼，闭只眼

夜猫子学凤凰叫——假充俊鸟

夜明珠放光——活宝

夜明珠堆在粪堆里——屈才（材）

夜明珠土里埋——明在下边，又说藏宝

夜蚊子咬秤砣——只一个嘴劲

夜莺学乌鸦叫——变坏了，又说越学越坏

绊倒趴在粪池边——离死（屎）不远

驼背上的露珠——救不了渴

驼脚的骑驴子——图的一时快活

九画

按别人的脚码买鞋——生搬硬套，又说缺乏自信

按方抓药——多给不肯，少给无效

按牛头喝水——办不到，又说没法办

拾柴打兔子——两不耽误

拾柴拣回一泡粪——顺带

拾大粪的跟着火车走——霉（煤）气冲天

拾到鸡毛当令箭——少见多怪

拾到金娃找它妈——贪心不足，又说贪得无厌

拾到竹筒当箫吹——实心眼

拾的麦子打烧饼——卖一个赚一个

拾到的麦子卖馒头——干赚，又说无本生意

拾个秤砣砸烂锅——得不偿失

拾粪的老头起五更（晨三至五时）——找死（屎）

拾粪的老头背粪筐——装死（屎）

拾粪的老头跌一跤——落得脏

拾屎拣着豆——外快

拾鸡毛，扎掸子——凑数

拾芝麻丢西瓜——因小失大

拾芝麻凑斗——积少成多，又说非一日之功

拴在树上的叫驴——尽绕圈子

拴在一根绳子上的蚂蚱——谁也跑不了

拴在桩上的牛犊子——身不由己，又说任人摆布

挑担子卖豆腐——本钱小，架子大

挑菜拾个水烟袋——别扭出弯来

挑瓦罐的断了扁担——没有一个好货，又说祸不单行

挑着缸钵走滑路——担风险

挑沙罐跌下悬崖——家破人亡

挑雪填井——白费工夫，又说劳而无功

挑水带洗菜——两不耽误

挑水带洗澡——一事两头担

挑水的娶个卖菜的——志同道合

挑水江边卖——没人要，又说劳而无功

挑盐巴腌海——尽干傻事

挑着磨盘背着碾——负担太重

挑着棉花过刺笆林——东拉西扯

挖鼻屎当盐吃——吝啬鬼，又说自己吃自己

挖耳勺掏灶坑——小抠

挖耳勺里炒芝麻——油水不大

挖耳勺舀米汤——无济于事，又说磨洋工

挖井碰见喷泉——好极了，又说苦中得乐

挖了黄连种甘蔗——挖了苦根种甜根

枯了的庄稼——有气无力，又说盼下雨

枯木搭桥——存心害人，又说劳而无功

枯树盘根——动不得

枯树上的知了（蝉）——自鸣得意

枯树枝上结黄瓜——不可能的事，又说反常

枯藤缠大树——生死相依

枯树烂木头——无用之才（材）

枯树根上浇水——白费劲

枯井打水——劳而无功

柳树开花——不结果

柳树的屁股——坐下就扎根

柳树开花——是个满天飞的

柳树上落凤凰——早晚要飞

柳树梢的喜鹊——攀上高枝

柳条穿螃蟹——勾勾搭搭

柳条篮子打水——一场空

柳枝遇春风——吐芽

树林里放风筝——勾勾搭搭

树林里耍大刀——不行，又说施展不开

树上的芭蕉——一串串

树上的松鼠——蹿上跳下

树梢上逮老鸹——不好捉摸

树梢上的知了（蝉）——整天唱高调

树头上的八哥——有嘴光说别人

草把儿打仗——假充好汉

草把儿敲钟——不想（响）

草地里的眼镜蛇——歹毒

草里的斑鸠——不知春秋

草帽打水——一场空

草绳拔河——经不住拉

草原上的天气——变得快

草上的露水——留不住

草拔根子——活不长啦，又说完全彻底

草人打鸟——假充能

草人救火——自身难保

草人打灯笼——不敢提

草人的腰杆——硬不起来

草人讲话——口气不硬

草上的露水瓦上霜——见不得太阳

茶壶掉了把儿——没嘴

茶壶里开染房——无法摆布，又说不好摆布

茶壶里泡豆芽——受不完的勾头罪

茶壶里煮汤圆——倒不出

茶壶里煮挂面——难捞

茶壶里煮饺子——肚里有数，又说有货倒不出来

茶壶里煮芒果——满肚子酸水

茶铺子里的水——滚开

茶里放盐——惹人嫌（咸）

茶馆里谈天——随便说

荞麦地里藏秃子——没有看出你来

荞麦捏的——没有骨头，又说软货

荞麦皮打浆糊——粘不到一起

荞麦皮榨油——无中生有

荞麦皮里挤油——死抠，又说没多大油水

荞麦面蒸馒头——没多大发头

荞叶水煮蛋糕——糊涂蛋

城隍的扇子——扇阴风

城隍庙里打官司——死对头

城隍老爷发神经——鬼迷心窍

城隍老爷搬家——神出鬼没

城隍菩萨拉二胡——鬼扯

城门洞的行人——来去自由

城墙上的草——风吹两边倒

城墙上栽花——高中（种）

城墙上喊口号——呼声很高

城墙上赶麻雀——枉费心机

春蚕吃桑叶——一点点儿地啃

春分的日月——黑白一样长

春天的嫩韭菜——新鲜

春天的猫——找对

春秋望田头——专门找茬儿

春笋出土——蹿着长

春笋见春雨——长得快

春天的雪堆——靠不住

春天的草芽——自发

春茶尖儿——又鲜又嫩

春分得雨——及时雨

春天的毛毛雨——贵如油

春天的蜜蜂——闲不住

春天的树尖——天天在变，又说吐芽

春夏秋冬——年年有

春蚕到死——怀着私（丝）

带刺的藤子——摸不得

带刺的鲜花——好看又扎手

带着秤杆买小菜——斤斤计较

带了秤杆忘了砣——丢三落四

带着碗赶现成饭——白吃

毒蛇缠树——狠劲往上攀

毒蛇吐芯子——出口伤人，又说要使坏

毒蛇钻进竹筒里——假装正经

毒蛇做梦吞大象——自不量力

毒蛇出洞——伺机伤人

毒蛇爬行——没正道

毒蛇爬秤杆——又狡（绞）又猾（滑）

毒蛇脱皮——恶习不改，又说照旧坏

毒蛇进竹筒——一头钻到底

毒蜘蛛织的网——碰不得

毒日头下的雪人——快垮了

胡萝卜搬家——挪挪窝

胡萝卜戴草帽——红人儿

胡萝卜掉进腌菜坛——泡着吃

胡萝卜下酒——干脆，又说干干脆脆

胡萝卜疙瘩——摆不上桌

胡萝卜下酒——嘎崩儿脆

胡萝卜下烧酒——图个干脆

胡萝卜刻的小孩儿——红人

胡子粘在眉毛上——瞎扯

胡子眉毛一把抓——不分主次

胡豆地里出芝麻——杂种

胡豆地里种西瓜——胡搅蛮缠

胡椒拌黄瓜——又辣又脆

胡椒浸在醋里——辛酸

玻璃球掉在粪坑里——又臭又滑

玻璃缸里生豆芽——根底看得清

玻璃窗里看戏——清清楚楚

画里的大饼——不能充饥

画上的春牛——中看不中用

画上的美女——嫁不了人

画上的元宝——不值钱的货

画蛇添足——多此一举

画饼充饥——白欢喜

画匠不拜佛——知道底细

画龙点睛——功夫到家了，又说完美无缺

画眉的嘴儿——会说

砍刀遇斧头——针锋相对

砍倒的芭蕉树——不死心

砍倒树捉麻雀——小题大做，又说因小失大

砍不倒大树——弄不多柴火

砍倒的柳树——死不甘（干）心

砍倒大树捉鸟——呆子，又说小题大做

砍树吃橘子——不顾根本

面团滚芝麻——多少沾一点

面糊糊手——碰到啥都沾一点

面汤里煮寿桃——混蛋到顶了

面汤里煮皮球——说你混蛋还有一肚子气

面筋放进油锅里——外形越大，中间越空

面盆里捏窝窝头——随手就来

面团做小人——愿咋捏就咋捏，又说随心所欲

南瓜炒鸡蛋——一样的货色

南瓜地里栽山芋——扯来扯去

南瓜秧攀葫芦——纠缠不清

南瓜苗馅尖——出岔了

南瓜蔓上结芝麻——越小越香

南瓜叶揩屁股——两面不讨好

南瓜命——越老越甜

南瓜菜就窝头——两受屈

南瓜地里种豆角儿——绕过来扯过去

南天门踩高跷——高高在上

南天门挂灯笼——高照，又说高明

南天门敲鼓——远近闻名（鸣）

南天门上捅窟窿——塌天大祸

南天门上唱戏——没声没影

南天门上种南瓜——难（南）上加难（南）

牵只羊全家动手——人浮于事

牵着骆驼数着鸡——高的高来低的低

牵着骆驼拉着鸡——就高不就低

牵了荷叶带动藕——相互关联

牵牛过独木桥——难过，又说铤而走险

牵牛花攀到钻塔上——架子不小

牵牛开花拖一道秧——尾巴翘得高

牵牛去爬皂荚树——乱整

牵牛上竹竿——巴结（节）不上

歪嘴吹喇叭——一股邪（斜）气

歪嘴巴吹号——一身邪（斜）气

歪着脑袋看戏——斜眼瞧人

歪苗长歪树——根子不正

歪戴帽子斜着眼——像是个二流子

歪着头跑步——不走正路

歪嘴巴吹得一口好唢呐——很有点歪气

歪嘴吹牛角号——以歪就歪

歪嘴吃石榴——净是歪点子

歪嘴婆娘吹火——风气不正

歪嘴太太照镜子——当面丢人

歪嘴骡子卖半价——吃了嘴上的亏

歪嘴子照镜子——咋看也不顺眼

咸菜缸里养田螺——难养活，又说没事找事

咸萝卜操淡心——大惊小怪

咸鱼里放盐——多此一举

咸鱼落塘——不知死活，又说等死

背米讨饭——装穷

背棉絮过河——越背越重

背着孩子找孩子——头脑昏了，又说丢三落四

背篼里头摇锣鼓——乱想（响）

背菩萨下河——淘神

背着粪筐上银行——臭钱

背着粪篓满街窜——找死（屎），又说寻死（屎）

背着黑锅做人——伸不起腰，又说委曲求全

背后藏茄子——有外心，又说生了外心

点火烧眉毛——自找罪受

点火的爆竹——一肚子气

点了黄豆不出苗——种不好

点名不到——没出席

点火上轿——照价（嫁）

哈哈镜照人——失去原形，又说走了样

哈哈镜里照像——奇形怪状

哈密瓜泡冰糖——甜上加甜

哈巴狗见主人——摇尾乞怜，又说俯首帖耳

哈巴狗叫猫——乱认一家子

哈巴狗摇尾巴——献殷勤

哈巴狗逮老鼠——像猫没有猫的本事

哈巴狗戴金圈——有钱的畜生

哈巴狗戴眼镜——六亲不认

哈巴狗啃骨头——美得直哼

哈巴狗咬日头——不知天高地厚

哈巴狗要骑骆驼——巴结不上

哑巴挨打——有口难言

哑巴吃官司——有理讲不清，又说有口难言

哑巴吃黄连——苦在肚里，又说有苦说不出

哑巴吃饺子——心中有数

哑巴梦见妈——说不出来的高兴

哑巴娶老婆——好事不可言传

哑巴娃子捉到蜻蜓——暗喜欢

哑巴捉贼——动手不动口

韭菜炒豆腐——一清（青）二白

韭菜剁头——不死心，又说还要长

韭菜田里苋菜花——杂种

韭菜面孔——一吵（炒）就熟

韭菜打汤——满锅漂

韭菜割头——不死心

韭菜包子——从里往外臭

韭菜饨蛋——冒充（葱）

韭菜下锅——一捞就熟

韭菜拌豆腐——一青（清）二白

韭菜煎蛋——家常便饭

蚂蚁背田螺——假充大头鬼

蚂蚁推碾盘——嘴上的劲，又说自不量力

蚂蚁爬扫帚——条条是路，又说畅通无阻

蚂蚁尿书本——识（湿）字不多

蚂蚁拖耗子——心有余而力不足

蚂蚁搬家——大家动手，又说齐心协力

蚂蚁抬虫子——个个使劲

蚂蚁背螳螂——肩负重任

蚂蚁吃萤火虫——亮在肚里

蚂蚁戴谷壳——好大的脸皮

蚂蚁搬泰山——下了狠心，又说瞎逞能

蚂蚁扛大树——不自量力

蚂蚁头上戴斗笠——乱扣帽子

蚂蚁碰上鸡——活该，又说倒霉

蚂蚁搬家——不是风，就是雨

蚂蚁看天——不知高低

蚂蚁下塘——不知深浅

蚂蚁上墙——扒不得

蚂蚁戴眼镜——没那么大的脸

蚂蚁搬秤砣——白费心思

蚂蚁吃苍蝇——抬杠

蚂蚁的腿，蜜蜂的嘴—— 天忙到晚

蚂蚁爬簸箕——路子多

蚂蚁肚里摘苦胆——难办，又说强人所难

蚂蚁扛螳螂——重任在肩

蚂蚁爬到鸡蛋上——找不着门

蚂蚁上锅——忙了爪子

蚂蚁吞象——野心不小，又说自不量力

蚂蚁拖食——留有后路

蚂蚁拖猪尾巴——大难在后头

蚂蚁下碾糟——罪该万死

蚂蚁不咬蟋蟀——一块地里的虫

蚂蚱上豆架——借大架子吓人

蚂蚱斗公鸡——自不量力

蚂蚱打喷嚏——满口青草气

蚂蟥的身子——软骨头

蚂蟥见血——盯（叮）住不放

蚂蟥落到牛脚上——摆脱不掉，又说咬住就不放

蚂蟥叮住鹭鸶脚——挣不脱

蚂蟥钻进牛鼻孔——难解脱

蚂蟥听到水响——来得真快

蚂蟥无骨头——两头喝血

虾米钓鲤鱼——以小钓大

虾公掉到汤锅里——闹个大红脸

虾米炒鸡爪——蜷腿带拱腰

虾跳蟹爬——乱七八糟

虾子落锅——死了还是红的

虾子下汤锅——死也直不起腰来

臭豆腐——闻着臭，吃着香

臭豆腐下油锅——有点儿香

臭水坑里的核桃——不是好人（仁）

臭虫爬到拜盒里——抓住理（礼）了

臭虫咬胖子——揩油，又说沾油水

臭水坑里的核桃——不是好人（仁）

臭蚊子——死叮

独臂照镜子——里里外外一把手

独木桥上遇仇人——冤家路窄

独生女掉泪——娇气

独眼龙看报——睁只眼闭只眼

独眼龙看戏——一目了然

独膀子打拳——露一手

独臂老人作揖——有一手，又说露一手

独根灯草——一条心

独根蜡烛——无二心

独脚凳——站不住

独木桥——难过

独木桥上唱猴戏——不要命，又说玩命干

独木桥上散步——走险

独桨撑船——过不得大海

独木桥上走骆驼——担风险的事

皇帝出朝——驾到

皇帝的妈妈——太厚（后）

皇帝不称皇帝——孤家寡人

皇帝的闺女——金枝玉叶

皇帝的交椅——至高无上

皇帝的女儿——不愁嫁

皇帝老爷发酒疯——咋说咋有理

皇上拍桌子——盛（圣）怒，又说盛（圣）气凌人

皇上下令——一言为定

秋后的瓜棚——空架子

秋后的狐狸——变了样

秋后拔萝卜——再硬也要碰

秋后蝉鸣——声嘶力竭

秋后的棒子地——好硬的碴（茬）子

秋后高粱——从头红到脚

秋后的丝瓜——一肚子私（丝）

秋后的黄瓜——蔫了

秋后的树叶——黄了

秋后的老鼠——肥吃肥喝

秋后的南瓜——皮老心不老

秋后的茄子——红得发了紫

秋后的山药——拖儿带女

秋后的兔子——撒起欢儿来了

秋后开花——哪有什么好结果

秋后的黄蜂——欲凶无力

秋后刮西风——一天凉过一天

秋后的蚂蚱——蹦跶不了几天

秋后的蚊子——没几天嗡嗡头了

秋后的扇子——无人过问

秋风招落叶——一吹一大片

秋后地里拾柴火——专门找碴（茬）儿

秋后的大麻秆——一肚皮花花点子

秋后的丁香树——没味道

秋后的蛤蟆——跳不了几天

秋后的蚱蜢——蹦不了几天

秋后的高粱——根红穗也红

秋后的狐狸——放起骚来

秋千顶上的牵牛花——豆大的本事，架子可不小

秋田的蛤蟆——呱呱叫

秋天剥黄麻——扯皮

秋天的葡萄——一串串的

秋天的鲤鱼——可肥了

秋天的石榴——合不拢嘴

秋天的螃蟹——看你横行几时

秋天的蚂蚱——不久长

秋天卖凉粉——不识时务

秋天剥黄麻——净是扯皮事

秋天的柿子——越老越红

种子不出苗——坏种

种稻谷出稗子——变了样，又说变了种

种白菜出苋菜——杂种

种地不打横头——豁出去

种下苞谷不发芽——难出头，又说种子不好

种下荞麦收豌豆——长圆滑了

种下芝麻下大雨——难出头，又说祸从天降

种牛痘吃公鸡——大发

兔饿捉老鼠——饥不择食

兔儿爷戴胡子——假充老人

兔子长尾巴——长不了

兔子吃草——光哆嗦，又说没完没了

兔子吃大米——糟蹋粮食

兔子吃扎蓬棵——张牙舞爪

兔子打架——小打小闹

兔子弹棉花——单蹦

兔子当牛使——乱了套

兔子的耳朵——灵得很

兔子逗老鹰——惹祸上身

兔子跟着狗睡觉——越混越胆大

兔子见老鹰——四爪朝天，又说撅着尾巴逃

兔子拉车——又蹦又跳

兔子拉犁——心有余而力不足

兔子刨窝——不是人干的活

兔子骑老虎——胆大不顾命

兔子群里一只象——庞然大物，又说突出

兔子上树——猴像，又说学猴

兔子拴到王八腿上——这个跑不了，那个也爬不了

兔子枕着鸟枪睡——自找心不净

兔子坐在虎皮椅——六神无主，又说胆战心惊

香瓜掉进蜜罐里——里外甜透了

香瓜长缸里——没出息，又说出不了头

香蕉叶包钉子——一个个想出头

香炉上长草——慌（荒）了神

香山的卧佛——大手大脚

香烟头埋进木屑堆——闷在肚里烧

扁鹊开处方——妙手回春

扁担吹火——一窍不通

扁担窟窿插麦茬——对上眼了

扁担上睡觉——想得宽

扁担挑水——挂两头

扁担头上放鸡蛋——不稳当，又说滚蛋

扁豆荚子炒辣椒——越吃越发烧

扁担搂柴——管得宽

扁担无钉——两头的塌；两头滑脱，还说两头要滑

扁豆绕在竹竿上——有靠了，又说找靠山

疯姑娘讲笑话——嘻嘻哈哈

疯狗咬人——叼住不放，又说本性不改

疯狗咬月亮——不知天高地厚

疯狗咬刺猬——无处下口

疯狗的脾气——乱咬人

疯婆子演判官——人不人鬼不鬼

洪水淹了龙王庙——一家人不认一家人

洪水淹粮仓——泡汤了

泼妇搽粉——只图脸上好看

泼妇打架——劝不得

泼妇撒野——没好话，又说乱来

姜太公钓鱼——愿者上钩

姜太公的眼镜没镜片——老框框

姜太公封神——没有自己的位置

烂泥土下窑——烧不成个好东西

烂泥菩萨洗脸——干净不了，又说越洗越难看

烂板桥上的龙王——不是好东西

烂木头做大梁——不好用，又说不是这块料

烂网打鱼——一无所获，又说白费力气

烂膏药贴在好肉上——自找麻烦

烂了根的葱——心不死

烂柿落地——软瘫了

烂柿子上船——软货

烂泥巴捏神像——全靠贴金

烂泥路上拉车——越陷越深

烂泥菩萨——样子神气，又说没有心肝

烂泥里打桩子——越打越深

烂肉喂苍蝇——投其所好

烂鱼开了膛——一副坏心肠

烂笆篓里的泥鳅——走的走，溜的溜

烂木头架桥——不顶事，又说用错了料

烂狗屎——糊不上墙，又说臭不可闻

烂瓜皮当帽子——霉到顶

烂麻拧成绳——合在一起干

烂木头刻戳儿——不是这块料

烂木做梁柱——难顶难撑，又说支撑不起

烂泥巴糊墙——糊不上去

烂泥路上拉车——越陷越深

逆风放火——引火烧身

逆水驾划子——不进则退

逆水行舟——不进则退

剃刀掏耳朵——收拾得里外干净

剃光了头钻葛针丛——刺头一个

剃头钻刺窝——找倒霉

剃头挑子的扁担——长不了

剃头刀砍高粱——三两下

剃头匠发火——置之不理

剃头匠动手——一触即发

剃头匠管修脚——负责到底，又说从头管到脚

剃头匠拍巴掌——完蛋

剃头匠洗脚面——从头错到底

弯扁担吹火——一窃不通

弯刀对住瓢切菜——正合适

弯镰改刺刀——改邪归正

弯藤结歪瓜——孬种

弯腰捡稻草——轻而易举

阎王请客——鬼上门

阎王爷开店——鬼都不上门

阎王摆手——无法（发）

阎王爷办事——净想鬼点子

阎王不戴帽子——鬼头鬼脑

阎王吃炒豆——鬼炒

阎王出告示——讲鬼话，又说鬼话连篇

阎王打判官——鬼打鬼

阎王爷叫门——活要命

眉毛上失火——红了眼

眉毛上放爆竹——祸在眼前

眉毛胡子一把抓——主次不分

眉毛上吊黄连——苦在眼前

眉毛上长牡丹——看花了眼

屎苍蝇到处飞——真讨人嫌

屎壳郎爬上花椒树——脚都麻了

屎壳郎打喷嚏——满嘴放屁

屎壳郎掉进面缸里——混淆黑白

屎壳郎吃粘糕——难为你开口

屎壳郎推车子——看你那臭架势

屎壳郎搽粉——臭美

屎壳郎背碾盘——自不量力

屎壳郎抱屎疙瘩——成天混在一起

屎壳郎和苍蝇交朋友——臭味相投

屎壳郎变知了（蝉）——高升了

屎壳郎吃醋——又酸又臭

屎壳郎吃辣椒——够呛

屎壳郎钻在面缸里——不分黑白香臭

屎壳郎打幡——冒充孝子孝孙

屎壳郎打哈欠——臭气熏天

屎壳郎打蚂蚁——以大欺小

屎壳郎戴礼帽——假充文明人

屎壳郎掉到茅缸里——肥吃饱喝

屎壳郎掉进粪坑——自己吃自己喝

屎壳郎掉进面粉里——冒充小白脸

屎壳郎支桌子——强装骨气

屎壳郎跟着蝙蝠飞——迟到要碰壁

屎壳郎跟着孔雀飞——变不成俊鸟

屎壳郎滚粪蛋——走回头路

屎壳郎趴在牛脸上——吃没得吃，喝没得喝

屎壳郎爬进香炉里——碰了一鼻子灰

屎壳郎上梯子——步步高升

屎壳郎下蛋——坏种

屎坑上搭凉棚——摆臭架子

娃儿的脸——一日三变，又说变化无常

娃儿要妈妈摘星星——蛮不讲理，又说耍小孩脾气

娃娃拔萝卜——硬往外拽

娃娃吃甘蔗——尝到甜头

娃娃吃了烂石榴——满肚子坏点子

娃娃吃糖瓜——糊嘴

娃娃掉到糨糊盆里——糊涂人

娃娃放炮仗——又惊又喜

娃娃过年——快活极了，又说天天盼的日子

娃娃玩菜刀——不是玩意

娃娃玩陀螺——原地打转

娃娃学走路——一步步来

娃娃鱼爬上树——不算人

娃娃找保姆——有奶便是娘

屋顶上睡觉——翻不过身来

屋顶上贴告示——天晓得

屋里的鹞子——飞不高

屋面上的霜——见不得太阳

屋檐上挂猪胆——苦水滴滴

屋檐上挂马桶——臭名在外

屋檐下的冰凌——根在上边

屋檐水滴进锅头里——多得一滴是一滴

屋檐下的大葱——根枯叶烂心不死

屋子里边逮狗——设圈套，又说十拿九稳

十　画

挨着炉子吃辣椒——里外发烧

挨鞭子不挨棍子——吃软不吃硬

挨打的狗去咬鸡——拿别人出气

挨打的乌龟——缩脖子，又说缩头

挨打的山鸡——顾头不顾尾

挨刀的鸭子——乱窜

挨刀的猪——叫得凶；又呼又叫

挨了巴掌赔不是——奴颜媚骨

挨了刀的肥猪——不怕开水烫

挨了棒的狗——气急败坏，又说边叫边跑

捡根鸡毛当令箭——谁听你的

捡块土坷垃打老鸹——都是人家的

捡来的麦子打烧饼——没本净利儿，又说无本做生意

捡了芝麻，丢了西瓜——贪小失大

捡起麦芒当鼓槌——小题大做

捡条泥鳅办宴席——总算有鱼

捏着鼻子哄眼睛——自己哄自己

捏住鼻子喝水——一声儿不响

捏住鼻子过日子——不闻香臭

捏鼻子吃葱——忍气吞声（生）

捏着鼻子唱戏——闷腔

捏着拳头过日子——心里憋气

捏着鼻尖儿做梦——不成

捏死手中鸟——轻而易举

捏鼻子吹螺号——忍气吞声

捏鼻子捂嘴巴——不闻不问

恶人先告状——居心不良，又说反咬一口

恶鬼怕钟馗——邪不压正

恶鬼碰上张天师——恶鬼难逃

恶婆娘骂街——四邻不安

恶虎斗狼群——寡不敌众

恶狼学狗叫——不怀好意

恶狼捉老鼠——饥不择食

恶狼和疯狗交朋友——坏倒一起了

恶狼遭雷劈——活该，又说恶贯满盈

恶狗见棍棒——又恨又怕

恶狗见了吃饭的——摇头摆尾

恶狗咬天——狂妄（汪），又说不知天高地厚

恶狗咬刺猬——下不了口，又说没法张嘴

赶车不带鞭子——光拍马屁

赶车不拿鞭子——穷诈唬

赶集走亲戚——顺路的事，又说一举两得

赶绵羊上树——不可能的事

赶牛进鸡舍——走错了路

赶鸭子上坡——各顾各（咯咕咯）

赶鸭子上树——难上难，又说难上加难

赶鸭子过河——一会儿，又说轻而易举

赶早市买活鱼——新鲜

赶场带相亲——一举两得

赶场做买卖——随行就市

赶鸡下河——硬往死里逼

赶龙王下海——巴不得，又说求之不得的事

赶马车的打响鞭——虚张声势

赶马车人的草料袋——草包

赶牛下崖——硬往死里逼

赶着绵羊上火焰山——硬往死里逼

赶着牛车拉大粪——送死（屎）

赶着王母娘娘叫大姑——想沾点仙气

蚕姑娘作茧——自己捆自己

蚕肚子——私（丝）心

蚕宝宝吃桑叶——胃口越来越大

蚕宝宝牵蜘蛛——私（丝）连私（丝）

蚕宝宝打架——私（丝）事

蚕宝宝读书——思（丝）念

蚕茧拉出丝头——扯个没完

蚕豆开花——黑心，又说黑了心

蚕豆就萝卜——嘎嘣干脆

耕地不用耧——撒种

耕地的牛——被人牵着鼻子走

耕地里背口袋——有种

耕地甩鞭子——吹（催）牛

耗子搬家——穷折腾，又说全是偷的

耗子充蝙蝠——白熬夜

耗子打洞——找门路

耗子打秋千——头朝下

耗子戴眼镜——鼠目寸光

耗子掉水缸——时髦（湿毛）

耗子跌面缸——白眼看人

耗子盯小偷——贼眉鼠眼

耗子逗猫——自取其祸，又说惹祸上身

耗子看粮仓——监守自盗，又说越看越少

耗子啃海椒——够呛

耗子啃书本——咬文嚼字

耗子啃玉米棒——顺杆（秆）爬

耗子爬秤钩——自称自

耗子爬到牛角上——自高自大

耗子爬竹竿——一节节来

耗子拖牛——大干一场

耗子眼看天——小瞧

耗子钻灶火——不死也要脱层皮，又说末日来临

耗子出洞——准没好事，又说找死（食）

耗子倒洞——走后门

耗子进风箱——找气受，又说两头受气

耗子舔猫屁股——送死

荷花不结籽——没莲

荷花池里着火——偶（藕）然（燃）

荷花底下抠藕——一节一节地来

荷花上的水珠——滚来滚去，又说不长久

荷花塘里拍照——偶（藕）像

荷花包黄鳝——溜了

荷花包菱角——戳穿

荷叶上的露珠——清清白白

荷叶包蟹——包不住，又说露爪了

荷包里装针——锋芒毕露

破蒸笼蒸馒头——浑身出气，又说上气不接下气

破网打鱼——瞎张罗，又说劳而无功

破茶壶掉进水里——几头进水

破网捞虾——落空

破罐子——乱甩

破棉袄套绸衫——装面子

破皮的水饺——露馅了

破车当柴烧——散了架子，又说废物利用

破船过江——人人自危，又说难达彼岸

破袋装西瓜——直进直出

破罐甩在洋灰地——稀巴烂，又说四分五裂

破夹袄上绣牡丹——只图表面好看

破开房梁做火把——大材小用

破锣嗓子唱山歌——不入调，又说难听

破麻袋上绣花——底子太差；不配

破竹筒当箫——吹不出好调，又说不入调

破被子包珍珠——好的在里面

热鏊上的蚂蚁——走投无路

热锅上的蚂蚁——坐立不安，又说团团转

热锅爆虾米——又蹦又跳

热锅上的黄豆——熟了就蹦

热锅里倒凉水——炸了

热水开锅——沸腾起来了

热烧饼出炉——现翻现卖

热水瓶不保温——坏蛋（胆）

热天叫人烤火——不得人心，又说没人听

热火盆里抽火炭——冷落

热炕头上的白面——发啦

套上夹板儿上磨道——好使唤

套上大车让老虎驾辕——没有人敢（赶）

套车埋老鼠——小题大做

套个鸽子舍个豆——有利可图

套马杆探月亮——痴心妄想

套马杆子顶草帽——奸的出头

套马杆子顶雨伞——戴上高帽子

夏天的烘笼——挂起来，又说没用处

夏天的蘑菇——又鲜又嫩

夏天的扇子——人人欢喜

夏天的萤火虫——若明若暗

夏天放风筝——净栽跟头

栽起秧子就打谷——性太急，又说急于求成

柴油机抽水——吞吞吐吐

柴草人救火——自身难保

柴火上浇汽油——一点就着，又说火上浇油

蚊虫咬秤砣——嘴硬

蚊虫遭扇打——坏在嘴上

蚊虫钻空大树心——暗里使坏

蚊子吃老虎——好大的口气

蚊子找蜘蛛——自投罗网，又说送死

蚊子叮菩萨——找错了人

蚊子挨巴掌——为嘴伤身，又说死在口里

蚊子打蜘蛛——自投罗网

蚊子掉在米汤盆里——糊里糊涂死了

蚊子叮过的鸡蛋——一肚子坏水

蚊子叮泥像——没有人味

蚊子叮牛角——找错了地方

蚊子叮石——无用

蚊子落在蜘蛛网上——自投罗网

鸭子下蛋——不声张

鸭子下水——呱呱叫

鸭子找伴——呱呱叫

鸭子吃辣椒——头直摇

鸭子吃老糠——一场空喜欢，又说没味儿

鸭子走路——大摇大摆

鸭子吞筷子——转不过脖子来

鸭子凫水——暗底下使劲

鸭子吃菠菜——连根儿铲

鸭子吃稻谷——撸一顿

鸭子吃鳝鱼——吞吞吐吐

鸭子吃蜗牛——食而不知其味

鸭子吃长虫——缠住了

鸭子吃泥鳅——痛快，又说吞吞吐吐

鸭子吃田螺——眼向上看

鸭子吃青草——充大牲口

鸭子吃海椒——辣心

鸭子吃螺蛳——啰里啰嗦

鸭子吃小鱼——囫囵吞

鸭子吃曲蟮——生吞活咽

鸭子的嘴巴——太硬

鸭子的巴掌——连（联）在一起的

鸭子呱呱狗吃屎——本性难移

鸭子拉车——自不量力

鸭子上山——自不量力

鸭子进稻田——手脚搞不赢，又说农民遭殃

鸭子进谷仓——胀破肚皮

鸭子上房晾翅——像个什么鸟，又说冒充鸟

鸭子淘阴沟——好吃不顾脸

鸭嘴伸到门缝里——张不开口

秤杆掉了星——不识斤两

秤杆与秤砣——密不可分，又说分不开

秤钩吊在屁股上——自称自

秤砣过河——不服（浮）

秤砣碰铁蛋——硬对硬

秤蛇掉进鸡窝里——捣蛋

秤砣落在棉被上——没有回音

秤杆插在茅坑里——过份（粪）

秤砣腌咸菜——一言（盐）难进

狼拜狐狸为师——学点鬼点子

狼不吃肉——假装正经

狼吃东郭先生——恩将仇报

狼夸羊肥——不怀好意，又说用心不良

狼替兔子说话——存心不善

狼看羊群——越看越光

狼哭羊羔——假仁假义，又说居心不良

狼掉羊群——不尝腥味，不会收爪子

狼头上插笋——装佯（羊）

狼嘴里的羊羔——九死一生

狼心狗肺——一个样

狼心兔子胆——欺软怕硬

狼咬猎枪——找死

狼行千里吃肉——本性难移

狼窝里养孩子——性命难保，又说等死

狼看羊羔——越看越少

狼狗打架——两头害怕

拿着鸡毛当令箭——小题大做

拿瓜当脑袋剃——昏了头，又说找错了头

拿鸡蛋碰石头——找亏吃

拿锅盖戴头上——乱扣帽子

拿着棒槌当萝卜——不识货

拿着锄头刨黄连——挖苦

拿着麻鹊秆打狼——铤而走险

拿着蒲扇打蚊子——一举两得

拿着豆腐挡刀——招架不住，又说四分五裂

拿着草帽当锅盖——乱扣帽子

拿着擀面杖当箫吹——实心没眼儿，又说一窍不通

拿着和尚当秃子打——冤枉好人

拿着活人当熊耍——愚弄人

拿着扫帚上杏树——扫兴（杏）

拿着竹竿进胡同——直来直去

缺牙啃西瓜——道道多

缺尾巴虾——掀不起大浪

缺根竹子照样扎竹排——不稀罕你

缺口碗盛米汤——放任自流

缺你这个芝麻粒——照样做香油

缺腿的老虎——神气不了

缺嘴哥儿吹口哨——漏气，又说声音高不起来

铁饭碗——砸不破

铁掌钉在马腿上——太离题（蹄）了

铁板上钉钢钉——硬到家

铁叉子剔牙——硬找碴儿

铁锤子炒菜——砸了锅

铁锤砸在被窝里——不见回音

铁打的饭碗——砸不破，摔不碎

铁打的公鸡—— 一毛不拔

铁打的心肠——见火就软

铁打的嘴巴豆腐心——嘴硬心软

铁钉铆到钢板上——扎扎实实

铁杆捅豆腐——一戳就透

铁公鸡——一毛不拔

铁公鸡下蛋——没见过

铁拐李把眼挤——你糊弄我，我糊弄你

铁拐李的葫芦——不知装的什么药

铁罐里的煤气——见火就着

铁锅炒蚕豆——干干脆脆

铁匠拆炉——散伙（火）

铁匠办事——动手就打，又说就知道打

铁匠传手艺——趁热儿，又说趁热打铁

铁匠戴镣铐——自作自受

铁匠当军师——打上前去，又说粗中有细

铁匠做官——全靠打上去的

铁匠的锤子——一锤更比一锤狠

铁匠铺里的风箱——不拉不吹风

铁匠铺里的材料——挨打的货色

铁匠铺里的买卖——件件都是硬货

铁匠的砧子——经得起敲打，又说不怕打

铁匠改行学绣花——拈轻怕重

铁匠进了瓷器店——不小心就砸了饭碗

铁匠卖烧饼——不干正经事，又说改行

铁匠牧羊——干的不是那一行

铁匠夸徒弟——打得好

铁匠师傅耍手艺——叮叮当当

铁匠上班——不打不行，又说就自道打

铁匠下乡——寻着打

铁匠砸乌龟——不怕你硬，又说硬打硬

铁笼捕鼠——抓活的，又说手到擒来

铁笼里的老虎——有本事也使不上

铁路上的警察——各管一段

铁路上的车站——靠边

铁耙子耕田——道道多

铁耙子抓痒——小题大做，又说大材小用

铁铺里的风箱——两头受气

铁钳钳住王八头——想缩缩不进，想滑滑不脱

铁扇公主的芭蕉扇——能大能小

铁勺子碰锅沿——难免

铁水倒进模子里——定型了，又说铸造

铁爪子捉木鸡——手到擒来

案板上的狗肉——摆不上桌

案板上的买卖——斤斤计较

案板上的面团——任人欺压，又说你用它做啥就是啥

案板上的擀面杖——光棍一条

案板上的肉——任人宰割

案板上的鱼——挨刀的货

案上砍骨头——干脆利索

案上的红烛——照亮别人，毁了自己

家里供的灶王爷——就数你大了

家雀儿抱鹅蛋——尽想干大事儿

家雀儿变凤凰——想的倒美

家雀儿吵嘴鸡打架——没人管

家雀儿扑老鹰——凶得不要命

家雀儿下鸡蛋——个小贡献大

家雀儿抬杠——乱嚷嚷

家养六畜——必富

宰牛刀杀鸡——用不着这大家伙，又说大材小用

宰牛用锥扎——无济于事，又说中不了要害

宰猪的弄一身血——成了红人

被窝里放屁——臭自家

被窝里听收音机——自得其乐

被窝里捉跳蚤——瞎抓

病好医生才来——晚了，又说迟了

病人踢皮球——没力气，又说无济于事

病人遭雷打——天灾人祸

穿钉鞋走泥道——稳当踏实

穿钉鞋走石子路——寸步难行

穿梁老鼠遇见猫——凶多吉少

穿孝衣道喜——胡来

穿衣戴帽——各人所好

穿棉袄摇扇——不知冷热

穿棉袄打赤脚——凉了半截

穿西装戴斗笠——土洋结合，又说半土半洋

穿着汗衫戴礼帽——不相称

穿汗衫戴棉帽——不识季节

穿蓑衣救火——迟早都要烧

高粱地里打阳伞——难顶难撑

高粱地里种玉米——秋后见高低

高粱地里插草人——吓唬家雀

高粱地里种玉米——有高有低

高粱地里找棒子——瞎掰，又说难办

高粱秆儿拴骡子——拉倒，又说经不起拉扯

高粱秆做梯子——上不去

高粱秆推磨子——玩不转

高粱秆挑水——担当不起

高粱秆做鞭杆——经不起摔打，又说无济于事

高粱秆做磨棍——有劲使不上

高粱秆做眼镜——空架子

高粱秆当柱子——支撑不起

高粱秆上结茄子——弥天大谎，又说不可思议

高粱长在麦子地——杂种

高粱撒在麦地里——杂种

高山顶上放风筝——起点高

高山上滚石头——永不回头

高山上的青松——四季常青

高山上的雪莲——一尘不染

高山头种辣椒——红到顶了

高岭上倒水——下流

高射炮打苍蝇——小题大做，又说大材小用

海里的虾米——翻不起不浪

海底捞月——白忙活，又说看得见摸不着

海椒拌生姜——辛辣

海椒命，生姜性——越老越辣

海龙王翻身——兴风作浪

海瑞上书——为民请命

海上行船——见风使舵

海蜇拌黄瓜——菜都凉了

海底栽葱——根底深，又说根子深

酒精点火——当然（燃）

酒鬼划拳——输赢无所谓

酒鬼走路——东倒西歪

酒鬼掉进酒池里——求之不得

酒肉朋友——臭味相投

酒肉朋友的交情——吃吃喝喝

酒杯里的洗澡——得罪（醉）小人

酒杯里泡木耳——发不大

酒壶里养麻雀——胡（壶）喳喳

请瓦匠上房顶——查漏洞

请修锁匠补锅——找错人

请个猴子去摘桃——到不了你肚里

请狼来做客——活得不耐烦，又说找死

请人搔痒——抓不到地方

请瞎子帮忙——越帮越忙

扇蒲扇打蚊子——一举两得

扇着扇子拉风箱——两头受气

扇着扇子聊天——说风凉话

扇着扇子说话——风言风语

烧火不旺——天才（添柴）

烧袄灭虱子——不合算，又说笨蛋

烧掉房子捡钉子——因小失大

烧红的烙铁——摸不得，又说烫手

烧红的铁板——烫手

烧红的生铁——越打越硬

烧红的煤球——吹不得，捧不得

烧火棍子——一头冷来一头热

烧火拉风箱——直来直去

烧了房子又挨雨——内外交困，又说祸不单行

烧了庙的土地爷——走投无路

烧鱼放韭菜——假充（葱）

烧炉烧大饼——翻来覆去

烧猪腿不放酱油——白提（蹄）

烧香进饭馆——走错了门

烧香惹鬼叫——好心没好报

烧香砸菩萨——好歹不分，又说花了香火钱还得罪了神

烟囱背后看人——把人看黑了

烟囱不冒烟——窝火

烟囱顶上走路——寸步难行

烟囱里的烟——热火朝天

烟囱上边屙屎——臭气熏天

烟筒上散步——无路可走

烟袋杆里插席篾儿——气不顺

烟袋锅炒豆子——一吹就爆

烟袋窝里蒸馒头——小气巴巴

烟锅头烧黄烟——自己安慰自己

剥皮捣蒜——干的小事

剥皮的树——不长，又说要死

剥开的花生果——杀身成仁

剥了皮的鸡蛋——明明白白

剥皮的鱼儿——片甲不留

剥竹笋——一层层来，又说从外到里

十一 画

黄豆煮豆腐——父子相认，又说父子团聚

黄连树下种苦瓜——苦生苦长

黄连树上结糖梨——甜果都从苦根来

黄鼠狼吃鸡毛——填不饱肚子

黄鼠狼的脾气——偷鸡摸狗

黄鼠狼见了鸡——眼馋

黄鼠狼给鸡送礼——不怀好意

黄鼠狼给鸡拜年——没安好心

黄鼠狼的本性——偷鸡摸狗

黄鼠狼成大仙——变成害人精

黄鼠狼串门——到处放臭屁

黄鼠狼进鸡窝——大难临头

黄鼠狼等食——见机（鸡）行事

黄鼠狼想吃天鹅肉——痴心妄想

黄鼠狼听到鸡叫——垂涎三尺

黄鼠狼和狐狸结拜弟兄——臭味相投

黄鼠狼看鸡——越看越稀

黄鼠狼叨鸡——有去无回

黄鼠狼拜狐狸——一个更比一个坏

黄鼠狼背兔子——心有余而力不足

黄牛吃青草——吞吞吐吐

黄牛的肚子——草包

黄牛打架——头顶头，又说死顶

黄牛吃黄连——吃苦耐劳

黄牛拉磨——慢工出细活

黄牛钻鸡窝——没门

黄牛撵兔子——没指望，又说靠不住

黄牛进泥塘——越陷越深

黄牛掉到水井里——有劲使不上

黄牛反刍——肚里啥货自己知

黄牛背上的跳蚤——自高自大

黄忠上阵——老当益壮

黄河里洗澡——洗不净

黄泥巴菩萨过大河——自身难保

黄豆地里的西瓜——数它最大

黄豆切细丝——功夫到家了

黄豆炒莲藕——尽钻空子

黄瓜没毛——净刺

黄瓜拉秧——塌了架

黄瓜敲木钟——一声不响

黄鳝爬犁头——狡猾（绞铧）

黄鳝上沙滩——不死也要残

黄昏时候的燕子——不想高飞

黄连树下种苦瓜——苦生苦长

黄连树上结糖梨——甜果从苦根来

黄连水煮汤圆——又苦又甜

黄连泡在苦水中——苦极了

黄连打官司——诉苦

黄连洗头——苦恼（脑）

黄连树上刻字——刻苦

黄连泡茶——苦水，又说自讨苦吃

菜板上的肉——任人宰割

菜刀切藕——心眼太多

菜地里少水——蔫啦

菜园里长人参——稀罕事

菜篮子打水——一场空

菜刀剃头——与众不同，又说太悬乎

菜锅里炒鹅卵石——不进油盐，又说油盐不进

菜园里的海椒——越老越红，又说越老越辣

菜园里的羊角葱——越老越辣

菜园地的姜——越老越辣

菜园里韭黄——不见天日

菜园里拔个萝卜——皮红心不红

菜园里的菜沟——四通八达

菜园里不种菜——闲员（园）

菜摊上的黄菜叶——不值钱

菜籽落到针眼里——赶得巧

菜籽里的黄豆——数它大

萝卜地里栽大葱——想冒顶

萝卜地里栽韭菜——各人心里爱

萝卜干炖豆腐——没点血色

萝卜上供——哄神

萝卜不大——在辈（背）儿上

萝卜掉进腌菜坛——泡着吧

萝卜菜卤煮豆腐——经济实惠

萝卜干当人参——不识货

萝卜青菜——各人所爱

萝卜掏宝盒——不是正经材料

萝卜开花——空心

萝卜碰上三九天——要动（冻）心

萝卜缨熬豆腐——一清（青）二白

萝卜烧肉——尽揩油

曹操用人——唯才是举

曹操用计——又奸又猾

曹操遇关公——喜不自禁

曹操杀华佗——恩将仇报

曹操杀杨修——嫉妒之心

曹操杀蔡瑁——上当受骗，又说操之过急

曹操诸葛亮——心思不一样

曹操八十万兵马过独木桥——没完没了，又说铤而走险

掉进面缸的老鼠——直翻白眼

掉进陷阱里的狗熊——熊到底了

掉了耳朵的瓦罐——不能提

掉了门牙肚里咽——有苦说不出

掉了箍的水桶——散了板

掉下井的秤砣——扶（浮）不上来，又说普通（扑通）

掉在油缸里的老鼠——滑头滑脑

掉进冰水里——寒心，又说从头凉到脚

掉进黄河里——洗不清

掉了毛的刷子——有板有眼

推磨挨磨棍——吃力不讨好

推碾子戴花——一浪一圈儿

推人下井还要滚石头——害人不浅，又说落井下石

推屎婆变蝉子——一步登天

推土机掉沟里——有劲儿使不上

推小车上大坡——步步高升

推着车子上墙——白费劲

聋子的耳朵——搭配，又说摆设

聋子放炮——没音响

梦里吃蜜——想得甜

梦里娶媳妇——想得很美

梦里结亲——好事不成

梦里见黄连——想苦了

梦里办喜事——空喜一场

梦里观花——想得倒美

梦里拾钞票——想钱，又说想发财

梦中游太空——想入非非（飞飞）

娶个媳妇打发客——双喜临门

娶个媳妇死了娘——悲喜交加

娶个媳妇忘了娘——白疼一场

娶媳妇吹喇叭——越热闹越好

娶媳妇请吹鼓手——大吹大擂

雪地滚雪球——越滚越大

雪地里的萝卜——早动（冻）了心（芯）

雪地里的兔子——蹦不起来

雪地里开车——进退两难

雪地里的毛毛虫——没几天活头

雪地里开鲜花——动了春心

雪地里走路——一步一个脚印

雪花落进大水塘——一声不响

雪里埋尸——瞒不过去

雪里埋死马——总会露出马脚来

雪里埋个死孩子——不久便分明

雪人跳井——不见踪影

雪人烤火——命不长

雪人见太阳——待不长，又说由大变小

雪山日出——天明地白

雪山上的红松——枝红叶红根也红

雪山上的莲花——纯洁

雪天过独木桥——酥了半截，又说胆战心惊

梧桐树上落凤凰——自有旁人说长短

梧桐树上长蒜薹——不可能的事

蚯蚓钩鲤鱼——以小引大，又说好吃者上钩

蚯蚓戴帽子——土里土气

蚯蚓刨地——费力不小，收获不大

蚯蚓剥皮——难下手

蚯蚓打哈欠——土气大

蚯蚓放屁——土里土气

蚯蚓的孩子——土生土长

蚯蚓寻他娘——曲里拐弯

蛇吞扁担——直脖啦

蛇吃黄鳝——比长短

蛇吃青蛙——一节倒一节

蛇吃蝎子——以毒攻毒

蛇挂树上——拖在那里

蛇儿爬到镰刀上——不敢缠

蛇和蝎子交朋友——毒上加毒，又说同流合污

蛇进竹筒——自寻死路

蛇吞象——好大的胃口，又说自不量力

蛇吸癞蛤蟆——歪歪曲曲

堂屋里搭篱笆——一家分两家

堂屋里打墙——彻底分家

堂屋里推车——进退两难

野地里烤火——不分拢（垄）

野地里摆筐箩——外行

野地里长槐树——不在行

野蜂飞进渔网里——见缝就钻

野鸽子起飞——不知下落

野公鸡上山——溜得快

野鸡躲灾——顾头不顾尾

野鸡藏身——顾头不顾尾

野鸡进了笼——有翅难飞

野鸡司晨——名（鸣）声不好，又说冒充公鸡

野鸡戴皮帽——冒充鹰

野鸡窝里抱麻雀——一窝不如一窝

野猫给老虎舔下巴——溜须不要命，又说送死

野猫拉小鸡——凶多吉少

野猫子借公鸡——有去无回

野猫子想吃天鹅肉——心高妄想，又说异想天开

野猫钻篱笆——两头受夹

野猫进宅——鸡犬不宁

野兔叼枪口——找死

野兔子拉犁——乱了套

野兔子下坡——连蹦带跳

野猪借小鸡——有借无还

野猪刨红薯——全凭一张嘴

野猪崽子舔老虎的鼻梁——找死

野猪拱刺蓬——全靠一张嘴

野猪置金鞍——配不上

豺狗子吃马鹿——好大的胃口

豹子进山——浑身是胆

船到江心才补漏——晚了，又说迟了

船到码头车到站——到头了

船开才买票——错过时机，又说晚了

船上打伞——没天没地

船老大坐后艄——见风使舵

笼子里的鸟儿——有翅难飞

笼子里的鹦鹉——多嘴多舌

笼子里的八哥——只会说不会干

笼里边抓窝窝头——手到擒来

笼屉蒸包子——一层顶一层

猫不吃鱼——假斯文

猫钻狗洞——容易通过，又说找错了门

猫钻鼠洞——通不过

猫捉老鼠——靠自己的本事，又说祖传的本领

猫嘴里的老鼠——剩不下啥

猫戏老鼠——哄着玩

猫不吃咸鱼——假正经

猫吃刺猬——无处下嘴

猫儿吃糕——两爪捣

猫儿念经——假充善人

猫儿抓老鼠——祖传的本领

猫儿抓老鼠狗看门——各负其责

猫儿扒在钢琴上——乱弹情（琴）

猫儿食，耗子眼——吃不多，看不远

猫儿头上放干鱼——靠不住

猫儿装死狗——耍无赖

猫给耗子拜年——来者不善，又说没安好心

猫见咸鱼——垂涎欲滴

猫哭老鼠——假伤心，又说假慈悲

猫鼠交朋友——信不得

猫舔狗鼻子——自讨没趣

猫爪伸到鱼池里——捞一把

猫钻灶坑——碰一鼻子灰

猫嘴里掏泥鳅——挖不出，又说劳而无功

猫嘴塞鲤鱼——投其所好，又说只进不出

猫头鹰白天唱歌——瞎叫唤

猫头鹰叫唤——名声不好

猫头鹰打瞌睡——睁只眼，闭只眼

猫头鹰飞上天——好高骛远

猫头鹰唱歌——怪声怪调

猫头鹰抓耗子——干好事，落骂名

猪八戒败阵——倒打一耙

猪八戒背媳妇——受了猴儿骗

猪八戒吃人粪——饿急了眼，又说饥不择食

猪八戒吃面条——粗中有细

猪八戒吃酒糟——酒足饭饱

猪八戒吃人参果——全不知滋味

猪八戒吃猪肉——全忘了自己的姓

猪八戒的嘴——又馋又贪

猪八戒照镜子——里外不是人

猪八戒做梦——净想美事儿

猪胆泡醋——又苦又酸

猪羊入屠户之家——一步步来寻死路

猪圈里的黄牛——就数你大

猪脑壳——蠢得很

猪脑袋绑洋葱——装相（象）

猪尿脬上扎刀子——气放了

猪尿泡打人——不疼人，倒气人

猪往前拱，鸡往后扒——各有各的路子

笤帚戴帽子——假充人

笤帚洗锅——没刷子

铜钱做眼镜——认钱不认人

铜盆碰上钢刷子——一个比一个厉害，一个比一个硬

铜匠担子串门——走到哪里，响到哪里

铜头戴了铁帽子——保险

偷鸡不成——反蚀把米

偷鸡的坐茶馆——假装正经

偷了泥告诉土地爷说没有偷——欺骗老行家

偷南瓜带摘葫芦——两得其便

偷油的耗子——油嘴滑舌

脱掉裤子放屁——多此一举

脱缰的野马——横冲直撞

脱缰猴子——有多远走多远

脱了鳞的黄鱼——一天比一天难过

脱了毛的凤凰——不值钱的货，又说不如鸡

脱了线的风筝——身不由己

脱了牙的老虎——咬不伤人了

脱下毡帽补烂鞋——顾了这头丢那头

脱枝的枯叶——随风飘零

脚踩两只船——左右为难

脚背长眼睛——自高自大，又说从低处着眼

脚后跟抹黄油——想溜

麻雀嫁女——细吹细打，又说唧唧喳喳

麻雀饮河水——干不了

麻雀搬家——唧唧喳喳

麻雀飞进照相馆——见面容易说话难

麻雀飞到旗杆上——鸟不大，架子倒不小

麻雀飞到糖堆上——空欢喜

麻雀的肚腹——心眼狭小

麻雀掉在面缸里——糊嘴

麻雀开会——细商量，又说唧唧喳喳

麻雀落在牌坊上——东西不大，架子不小

麻雀鼓肚子——好大的气

麻雀飞大海——没着落，又说有去无回

麻雀熬汤——无肉也香

麻雀吃谷壳——空欢喜

麻雀飞在粗糠里——一场欢喜一场空

麻雀吃天鹅肉——妄想

麻雀跟着蝙蝠飞——白熬夜

麻雀飞到烟囱里——有命也没毛

麻雀飞到梁头上——架子不小

麻雀下鸡蛋——怪事一桩

麻雀下鹅蛋——大话

麻雀屙屎——稀稀拉拉

麻雀飞进烟囱里——熏死了

麻雀碰上玻璃窗——有你的光明，没你的出路

麻雀生鸡蛋——硬逞能

麻雀窝里的花鹊子——迟早会飞

麻雀下鹅蛋——好大的屁股

麻雀摇枫树——白费工夫，又说自不量力

麻雀子钻到竹筒里——安居乐业

麻布袋做龙袍——不是这块料，又说用了麻布袋还得罪了龙王

麻绳拴豆腐——提不起

麻绳穿绣花针——通不过

麻绳吊鸡蛋——两头脱空

麻袋里装猪——不知黑白

麻袋绣花——底子不好，又说粗中有细

麻柳树解板子——不是正经材料

麻婆打扮——好看有限

婆婆嘴吃西瓜——滴水漏

婆婆一个说了算——没公理

婆媳吵架儿子劝——左右为难

婆婆夸媳妇——少有

婆媳俩纺线——各搞各的

清早出门遇狐狸——倒霉透了

清明时节黄梅雨——年年如此

清明后的麦子——一夜一节子

清晨吃午饭——太早

清道夫拉货——一堆废物

清水里扔石头——一眼看到底

清水缸里数鱼——一清二楚

清水淘白米——你知我见，又说明明白白

清水洗煤砖——没事找事干

清水潭里扔石头——一眼望到底

清蒸鸭子——浑身稀烂嘴巴硬

清油炒菜——各有所爱

婊子骂娼——一路货，又说自不识相

婊子立牌坊——假正经，又说不知羞耻

蛋壳里发面——没有多大发头

蛋打鸡飞——两头空

绵羊打呵欠——洋（羊）气

绵羊绑在门板上——任人摆弄

绵羊走到狼群里——胆战心惊，又说自寻死路

绵羊进狼窝——自投罗网

绵羊下了牛犊子——怎么生下你这莽撞货

骑驴望着坐轿的——比上不足，比下不余

骑驴拿拐杖——多此一举

骑着骆驼赶着鸡——不识高低

骑着骆驼吃包子——乐颠了馅儿

骑牛找牛——老糊涂，又说丢三落四

骑牛追马——望尘莫及

骑马过独木桥——回头难，又说铤而走险

骑马不带鞭子——拍马屁

骑兵掉河里——人仰马翻

骑马逛公园——走马观花

骑着大象数着鸡——高的高来低的低

弹簧身子蚂蟥腰——能伸能屈

弹花铺里打铁——软硬兼施

十二画

棒槌打铜锣——响当当

棒槌拉胡琴——不是正经家伙

棒槌敲鼓——打不到点子上

棒槌打缸——四分五裂

棒槌敲竹筒——空想（响）

棒打鸭子——呱呱叫

棒子面煮葫芦——糊糊涂涂，又说糊里糊涂

棒子面煮鸡子儿——糊涂蛋

棒子面做蛋糕——不是正经料

棉花店关门——甭谈（弹）

棉花耳朵——经不起吹，又说根子轻

棉花堆失火——没救

棉花堆里找跳蚤——没着落，又说枉费心机

棉花地里种芝麻——一举两得，又说杂种

棉花地里长辣椒——红人

棉花地里套种谷——想另来一手

棉花地里的豆子——是俺（腌）的

棉花卷儿打锣——没回音，又说不想（响）

棉花槌打鼓——没音

棉花堆里藏铁砣——不知轻重

棉花店打烊——不谈（弹）

棉花掉进麦芒里——谈（弹）不成

棉花人救火——自身难保

棉花套上晒芝麻——自找麻烦

棉花掉进水——谈（弹）不成

棉纱线牵毛驴——不牢靠，又说靠不住

棉袄改皮袄——越变越好

棉絮里捉虱子——找都找不到，又说浪费时间

逼上梁山——横竖一拼

逼公鸡下蛋——故意为难；办不到的事

逼出来的口供——不可信

朝天放炮——空响（想），又说地对空

朝天椒——又尖又辣

趁热打铁——赶紧，又说正在火候上

趁风扬灰——掩人耳目

趁圪台下马——自找台阶

趁下雨和泥——顺便，又说赶巧

厨房里打架——砸锅

厨房里的蒸笼——常常受气

厨房里的垃圾——鸡毛蒜皮

厨子罢工——不想跟你吵（炒）

厨子炒菜——添油加醋

厨子搬家——另起炉灶

厨子剥葱——扯皮

裁缝的顶针——当真（针）

裁缝做衣服——要良（量）心（身）

裁缝不带尺——存心不良（量）

裁缝剪衣——以身作则，又说要量身

裁缝的熨斗——烫人

裁缝铺的衣服——一套一套的

裁缝做嫁衣——替别人欢喜

葵花籽里钻臭虫——算什么人（仁）

葵花籽里拌盐水——唠闲（捞咸）嗑

落雨天收柴火——手忙脚乱

落雨天担棉花——越担越重

落雨天打麦——难收场，又说看错了天气

落雨天寻牛——看脚印

落雨天背蓑衣——越背越重

落雨天打砖——没有好货

落雨天担稻草——越担越重

落雨天担禾草——担子越来越重

落雨天出彩云——假情（晴）

落雨躲进山神庙——淋不着

落到麻雀窝里的花鹊子——长不了

落在鹰爪里的小鸡——嘴壳儿再硬也活不了

落网的虾米——蹦跶不了几天

落地风扇转动——不断地摇头

落地的山梨——熟透了

落地的柿子——软瘫了

落地的牛粪——再提不起来

落地的水银——无孔不入

落地热汤锅的王八——跑不了

落了蒂的香瓜——熟透了

落了三年黄梅雨——绝情（晴）

落水的鸡毛——飞不了

落在陷阱里的骏马——寸步难行

落山的太阳——没多大亮

落花生无米米——空子

葱叶儿炒藕——空对空

提着灯笼拾粪——找死（屎）来了

提扁担串门——横行到家

提着扁担串门子——直来直去

提着棒子叫狗——远去了，又说白费口舌

提着鸡蛋走冰路——提心吊胆

提着口袋倒核桃——一个不剩

提着麻秆儿打狼——两头害怕

提着猪头进庙——走错了门

喜鹊的羽毛——黑白分明

喜鹊跟着蝙蝠飞——废寝忘食

喜鹊老鸦同枝叫——悲喜交加

喜鹊窝里掏凤凰——搞错地方了

雄鹰抓兔子——跑不了，又说十拿九稳

蛤蟆吞西瓜——难下口

蛤蟆吃黄蜂——倒挨一锥

蛤蟆的眼睛——突出

蛤蟆挂铃挡——吵闹不休

蛤蟆爬上樱桃树——想吃高味

蛤蟆跳到牛背上——自以为大

蛤蟆跳井——不懂（扑通）

蛤蟆想吞天——好大的口气，又说自不量力

蛤蟆坐轿子——不识抬举

蛤蟆吃萤火虫——肚里明

蛤蟆掉进水井里——坐井观天

蛤蟆掉进滚水锅——死路一条

蛤蟆鼓肚子——气鼓气胀

蛤蟆和牛比大小——胀破肚皮也没用

蛤蟆蝌蚪赶鸭子——找死

蛤蟆想吃天鹅肉——痴心妄想

晴天不赶路——等着雨淋头

晴天打雷——太离奇，又说虚张声势

晴天下雹子——冷不防

晴天响霹雳——惊天动地

晴天打雨伞——多此一举

锄头挂在胸口上——挖空心思

锄头挖萝卜——不怕你根子粗

锄头钩月亮——够不着

锄头刨黄连——挖苦

鹅行鸭步——大摇大摆

鹅咬鸡——不认亲

鹅吃草，鸭吃谷——各享各的福

猴子吃玉米——专拣嫩的捏

猴子摘帽——等着给钱

猴子戴乌纱帽——不知自己是多大的官，又说想当官

猴子戴眼镜——冒充斯文

猴子会爬树——不用你教

猴子捞月亮——空欢喜

猴子看果园——越看越少，又说监守自盗

猴子看桃园——全叫它吃完

猴子爬旗杆顶——高高在上

猴子吃辣椒——抓耳挠腮

猴子掰苞米（玉米）——掰一个，扔一个

猴子舂米——乱冲（舂）

猴子拉犁——顶牛

猴子照镜子——里外不是人

猴子坐火箭——远走高飞

猴子找老虎——自讨苦吃

猴子耍把戏——一会儿变一个样

猴子扇扇子——学人样

猴子戴手套——毛手毛脚

猴子戴凉帽——装人样

猴子的屁股——自来红

猴子吃了蒜——翻白眼

猴儿耍大刀——胡侃（砍）

猴儿上树——爬得快，又说拿手好戏

猴儿捉虱子——抓耳挠腮

腊月里遇上狼——冷不防

腊月里扇扇子——火气太大

腊月摇扇子——反常

腊月里的萝卜——动（冻）了心（芯）

腊月的天气——动（冻）手动（冻）脚

腊月里打雷——罕见

腊月的大雪——铺天盖地

腊月三十看皇历——没日子了

腊月二十三的灶王爷——要上天了

腊月里吃冰棍——手凉脚凉心更凉

腊月里赤膊——冻身

腊月里的冻豆腐——难办（拌）

腊月里送蒲扇——不识时务

腊月里扇扇子——冷不防

腊月种瓜——不是时候，又说不懂节气

腊月里卖镰把——知冬不知夏

腊月里卖扇子——没人要，又说不是时候

腊月里伸拳头——动（冻）手

腊月卖冰棍——不问时令

腊月三十逮个兔子——有你没你都过年

腊月三十贴春联——一年一回

腊月天吃西瓜——想得甜

腊猪头——死撑

腊鸭子煮到锅里头——身子烂了，嘴巴还硬

稀饭里掺糨糊——糊里糊涂

稀饭锅里下铁滚——混蛋到底

稀饭里下元宵——都是混蛋

稀泥巴——糊不上墙

稀泥抹光墙——敷衍了事，又说得过且过

稀泥巴里打桩——深不得，浅不得

稀泥糊壁——白费工夫

窗户上糊纸——一捅就破

窗户眼里看人——小瞧，又说把人看扁了

窗户上插桂花——里外香

窗台上种瓜——长不大，又说冒充的菜农

寒冬腊月送扇子——不识时务

寒冬腊月吃冰棍——凉透了

寒冬腊月喝凉水——点点滴滴凉心头

寒冬腊月生的——凉手凉脚

寒冬腊月吃冰水——点点入心

寒冬腊月的马蜂窝——空空洞洞

寒潮消息——冷言冷语

寒号鸟晒太阳——得过且过

粪叉上镶宝石——不值

粪坑里的石头——又臭又硬

粪巴牛叫门——臭到家

粪堆上栽桩子——臭光棍

割麦不用镰刀——连根拔

割了麦子种豆子——不理（犁）

割韭菜，剥黄麻——一码是一码

割韭菜不用镰刀——胡扯

割下鼻子换面吃——不要脸

湿水棉花——没得谈（弹）

湿柴头烧饭——不僵也夹生

湿壶里装开水——热不了几天

湿身滚进石灰堆——难得脱身

湿灶烧湿柴——有火没处发，又说点不着火

温汤里煮鳖——不死不活

温罐里煮鸭——突出一张嘴

温热水烫猪——够扯

温室里栽的花——经不起风吹雨打

温室里种庄稼——旱涝保收

温水烫鸡——一毛不拔

温汤罐里煮甲鱼——死不死，活不活

媒婆夸闺女——天花乱坠，又说花言巧语

媒婆提亲——净拣好听的说

媒婆夸姑娘——说得像仙女，又说好话都说尽

媒婆子的嘴——能说会道

强盗的脑壳——贼头贼脑

强盗抓小偷——贼喊捉贼

属百灵子的——叫得好听

属疯狗的——见人就咬

属啄木鸟的——嘴硬身子软

属弹簧的——难伸能缩

属臭豆腐的——闻着臭，吃着香

属刺猬的——谁碰扎谁手

属大肚罗汉的——睁一只眼，闭一只眼

属跳蚤的——一碰就跳，又说蹦蹦跳跳

属公鸡的——光打鸣不下蛋

属龟的——缩头缩尾

属蛤蟆的——碰碰就生气

属豪猪的——浑身是刺

属耗子的——撂下爪儿就忘

属核桃的——你不敲它，它就不给你仁吃

属蜡烛的——不点不明，又说照亮了别人却燃烧了自己

属莲菜的——心眼儿多

属驴的——直肠子

属麻雀的——叽叽喳喳

属蚂蚁的——光钻空子

属螃蟹的——到处横行

属鸵鸟的——顾头不顾尾

属喜鹊的——好登高枝儿，又说爱给别人报喜

十三～十四画

搬石头砸天——办不到的事

搬起石头砸脚——自找苦吃

搬石头上山——吃力不讨好

搬着梯子上擂台——没有好下场

摸着石头过河——稳稳当当，又说稳扎稳打

摸黑打耗子——到处碰壁

摸黑吃桃子——拣软的捏

碓窝里舂米——实（石）打实（石）

碓窝里舂夜叉——捣鬼

碓窝里栽葱——根子硬

碓窝吞下肚——实（石）心眼

豌豆和胡豆——大不大，细不细

碗边上落苍蝇——混饭吃

碗橱里打老鼠——下不了手

碗底的豆子——历历（粒粒）在目

碗里拿蒸馍——手到成功

蒙在鼓里听打雷——弄不清东南西北

蒙住眼睛走路——不行正道

蒙着眼睛哄鼻子——自己哄自己

蒙着被子放屁——独（毒）吞

蒙上眼睛拉磨——瞎转悠

蒙头睡觉放屁——自己臭自己

蒜地里栽辣椒——一茬比一茬辣

蒜臼子黑碗——一个窑的货

蒜薹炒丸子——光棍儿遇上浑球了

塘里的藕——心眼多

墙头上的麦子——野种

墙头上种白菜——难交（浇）

墙头上种菜——没缘（园）

墙头上栽树——命不长，又说难活

墙头上的草——刮这风往那倒，又说风吹雨边倒

墙缝里的蝎子——暗中伤人

墙缝里的蚂蚁——不愁没出路

墙上的壁虎——见缝就钻

墙上画樱桃——好看不好吃

墙上挂着的王八——上不着天，下不着地

墙上挂帘子——装门面

墙上跑马——转不过弯来

蜂窝里挖蛋——想挨蜇了

蜂蜜熬冰糖——好甜

蜂蜜拌白糖——甜上加甜

蝉不叫蝉——知了

蝉鸣蟋蟀叫——各唱各的调

蝉翼上雕花——刻薄

蜻蜓撞着蜘蛛网——有翅难飞

蜻蜓点水——东一下，西一下

蜻蜓点水——只接触表面

蜻蜓点水鱼打花——没有用

蜻蜓吃尾巴——自咬自

蜻蜓撼石柱——自不量力，又说痴心妄想

蜻蜓撼铁柱——纹丝不动，又说心有余而力不足

蜻蜓想吃红樱桃——眼都望绿了

蜗牛赴宴——不速之客

蜗牛耕地——白受苦

蜗牛耕田——费力不小，收获不大

蜗牛盖房子——自己顾自己

蜗牛爬树——慢腾腾

蜗牛缩在壳里——无声无息

蜈蚣吃萤火虫——肚里明

蜈蚣遇眼镜蛇——一个比一个毒

跳到井里捞块馍——舍命不舍财

跳网的鱼儿又吞钩——祸不单行

跳蚤蹦到牛身上——咬不疼，嘴不痒

跳蚤顶被窝——心有余而力不足

矮个子看戏——听声音

矮子踩高跷——取长补短

矮子登山——步步高升

矮子过河——越走越深

矮子里面拔将军——短中取长

矮子骑大马——上下为难

稻堆里找跳蚤——痴心妄想

稻草做枕头——草包一个

稻草搓绳子——开头难，又说经不住拉扯

稻草包黄鳝——溜啦

稻草肚子棉花心——虚透了

稻草秆打人——软弱无力

稻草捆秧——父抱子，又说父子团聚

稻草人放火——害人先害己

稻草人救火——引火烧身

稻草人打石——手太软，又说无济于事

稻草人过河——不成（沉），又说水上漂游

稻草人坐轿子——不识抬举

稻草绳子拔河——经不住拉扯

稻秆敲锣——不想（响）

稻田里的稗子——看像是稻，其实是草

稻田里拉犁耙——拖泥带水

稻田里插秧——老是退步

稻田拉犁耙——拖泥带水

稻子去了皮——白人（仁）

锅里的鸡——难飞

锅里的鱼——别想跳了

锅子里炒石头——不进油盐

锅底下掏红薯——拣熟的摸

锅底下扒出个馍馍——吹吹打打

锅盖揭早了——夹生

锅盖上的米花子——受尽了煎熬

锅台上种瓜——难发芽，又说没缘（园）

锅灶上的烟囱——出气筒

锅子里炒盐——生闲（咸）气，又说全靠铲

锅边上的小米——熬出来的

锅底上戳窟窿——捅娄子

锅里的螃蟹——横行不了几时

锅嫌水壶黑——不知自丑

锯倒大树捉老鸦——白费心思，又说劳而无功

锯了嘴的葫芦——没得说了

锯子解高粱秆——小题大做

筷子顶豆腐——竖不起来，又说四分五裂

筷子充大梁——不是这块料，又说没有自知之明

筷子戳粑粑——稳拿

筷子戳藕——挑眼子

筷子夹蒜薹——尽光棍

筐里的烂杏——充数

筐里选瓜——越选越差

箩筐里装乱麻——没有头绪

箩筐装水——到处是漏洞，又说白费力气

箩筐筛豌豆——一个不漏

箩筐盛石灰——处处留痕迹

箩筐里面摇元宵——滚蛋

箩内拣瓜——越拣越差

馍馍掉粪坑——肮脏货，又说送死（屎）

馒头里包豆渣——人家不夸自己夸

馒头吃到豆沙边——尝到了甜头

傻子打泥巴——闲着无事干

傻子卖猪——一千不卖卖八百

滚水泡茶——又浓又香

滚水灌老鼠——一个也跑不了，又说烫死的

滚水煮饺子——你不靠我，我不靠你

滚水锅煮娃娃——熟人

滚水锅煮寿星——老熟人

滚水开锅——热气腾腾

滚水泡米花——开心

滚水泼蚂蚁——一窝都是死

满口黄连——说不完的苦

满口金牙——开黄腔

满口的假牙——吃软不吃硬

满身沾油的老鼠往火里钻——哪还有它好过的

满姑娘的荷包——花样多

满头稻花子——土里土气

满街挂灯笼——光明大道

满山跑的兔子不回窝——野惯了

满堂儿孙——后继有人

满天的乌鸦——一片黑

满天刷糨糊——胡（糊）云

满天大雪飞舞——天花乱坠

满天的星星——顶不过一个月亮

满天挂渔网——遮不住太阳

满园的萝卜——一个个想出头

满嘴吹的肥皂泡——句句空话

满地里插耧——瞎耩（耕）

满地丢西瓜，撅腚拣芝麻——不知轻重

漫地里竖根棍——无依无靠，又说显眼

漫天云挂喇叭——天下人都知道

新打的剪刀——不好开口

新开的麻花儿——好大的块儿

新娘子见生客——羞答答

新媳妇抱了个面团子——人生面不熟

新媳妇坐花轿——左右受人摆布，又说头一回

新媳妇的枕头——草包一个

新媳妇见婆婆——有一拜

新媳妇生孩子——满心里喜

新媳妇推网包子——好的在后头

新媳妇做夹生饭——费劲不落好

新挑的池塘——无鱼

端水缸救人——费力不小，收获不大

端午节拜年——晚了

端午节划龙舟——齐心协力

端午节卖历书——错过时间

端午节吃粽子——屈原死了

端午节吃饺子——与众不同

端午节的蛤蟆——早躲了

端午节后布谷叫——晚了

端着鸡蛋过山涧——操心过度（渡）

端着鸡蛋走夜路——提心吊胆

端公的表情——装模作样

端碗不拿筷子——光喝

辣椒炒豆腐——外辣里软

辣椒身上长柿子——越红越圆滑（猾）

辣椒面吃进鼻孔里——呛人

辣子吃多了——烧心

嫁出去的女儿，泼出的水——难收回

嫁出去的女儿——人家的人

嫁接的果树——横生枝节

熊瞎子吃粽子——解不开

熊瞎子打立正——装人样

熊瞎子耍扁担——翻来覆去老一套

十五画以上

薄刀切葱——两头空，又说一刀两断（段）

薄刀切豆腐——两面光

薄皮气球——不攻自破，又说经不起吹

薄冰上走路——胆战心惊

薄地里种谷子——个头长不高

薄纸糊窗子——一戳就穿

薄纸糊灯笼——里外明亮

藕炒黄豆芽——勾勾搭搭

藕炒黄蛋——钻空子

藕丝炒韭菜——清清（青青）白白

藕粉炒糍粑——糊里糊涂

燕子口里夺泥——无中觅有

燕子造窝——全凭一张嘴

燕子尾巴——两股叉

燕子没手——用嘴巴办事

燕子衔泥——一口一口地来

燕子跟着蝙蝠飞——打食的打食，熬眼的熬眼

燕麦大的鱼儿——摇头摆尾

番薯藤入土——节节扎根

番薯脑壳檀木心——不灵通

番瓜秧牵葡萄树——胡搅蛮缠

番瓜藤牵进葡萄园——胡缠

番瓜丝炒鸡蛋——合适（色）

鞭子抽蚂蚁——专拣小的欺

鞭子打死鸡——白费力

撑船的老板——看风使舵

撑伞戴草帽——多此一举

擀面杖吹火——一窍不通

擀面杖打飞机——高不可攀

擀面杖灌米汤——滴水不进

擀面杖升云天——诽谤（飞棒）

醋瓶子打酒——拿错了壶

醋水点豆腐——一物降一物

醋厂里冒烟——酸气冲天

醋泡辣椒——又酸又辣

醋坛子打酒——满不在乎（壶）

醋坛子里泡胡椒——尝尽辛酸

霜后的大葱——皮蔫心不死

霜打秧草——蔫头蔫脑

霜打的豆荚——难见天日

霜打的茄子——蔫了

霜打地瓜秧——抬不起头来

霜打的麻叶——垂头丧气

霜打后的黄瓜——没精打采

霜后的毛栗——心甜皮扎手

霜后的桑叶——谁采你啊

檀香木当犁辕——屈才（材）

檀香树做火筒——一窍不通

檀香木当柴烧——真不识货，又说大材小用

踩着凳子掏月——差得远

踩着肩膀拉屎——欺人太甚

踩着高跷过独木桥——艺高人胆大

踩高跷的过河——半截不是人

踩着石头过河——脚踏实地

蝌蚪变青蛙——面目全非，又说有头无尾

蝌蚪撵鸭子——去送死

蝌蚪的尾巴——寿命不长

蝌蚪害头疼——浑身是病

螃蟹娶亲——尽是大王八

螃蟹教子——不行正道

螃蟹不忘横着爬——专走斜道

螃蟹拉车——不走正道

螃蟹裹馄饨——从里戳穿

螃蟹抱鸡蛋——连滚带爬

螃蟹过车辙——横行

螃蟹吐涎沫——白费劲

螃蟹穿在柳条上——难分难解

螃蟹不咬人——专家（夹）

螃蟹吃高粱——顺着秆儿往上爬

螃蟹吃豆腐——搞得乱七八糟

螃蟹爬到油锅里——横行到头了

螃蟹过河——七手八脚

螃蟹夹豌豆——滚蛋

螃蟹爬笆笼——有进无出，又说送死

螃蟹进塘里——横顺不是

螃蟹进了开水锅——黄了

螃蟹进了鱼篓子——有进无出

螃蟹断爪——横行不了

螃蟹落在芥菜上——不上不下

螃蟹上山——爬得上来爬不回去

螃蟹造反——横冲直撞

螃蟹伸爪——夹上了

螃蟹拉虾——牵须

螃蟹拖螺壳入洞——自己堵自己的路

螃蟹煮了一大锅——尽骨头没肉

蟋蟀斗公鸡——各有一技之长

蟋蟀打架——看谁嘴硬

蝎拉虎子作揖——露两手

蝎子背蜈蚣——毒上加毒

蝎子战蜈蚣——以毒攻毒

蝎子打哈欠——毒气冲天

蝎子戴礼帽——小毒人

蝎子的屁股——尽是毒

蝎子爬在嘴巴上——说不得，动不得

蝎子尾巴蜈蚣嘴——毒到家了

蝎子驮马峰——上下都是毒

瞎猫咬住死老鼠——碰巧

瞎了眼的癞皮狗——碰着啥咬啥

瞎牛撞草堆——碰着就吃

瞎子点灯——白费蜡

瞎子吃苍蝇——眼不见为净

瞎子吃西瓜——分辨不开

瞎子吃汤圆——肚里有数

瞎子穿针——找不着孔儿

瞎子走夜路——摸摸碰碰

瞎子打灯笼——看不到前程，又说白费蜡

瞎子打锣——敲不到点子上

瞎子打鸟——没目标

瞎子逮蝈蝈——先听听音再说

瞎子逛大街——目中无人

瞎子放牛——随它去

瞎子盖被子——东拉西扯

瞎子跟着月亮走——沾不到光

瞎子跟人笑——随声附和

瞎子观龙灯——只听见家伙响

瞎子进花园——没有什么好看的

瞎子撞鸣钟——碰对了

瞎子掌秤——不知轻重

瞎子望天窗——不明不白

瞎子摸象——又高又长

瞎子摸窗户——不识门

鹦哥唱大曲——巧上加巧

鹦哥的嘴巴——哄得你团团转

鹦哥讲话——跟着别人学

鹦哥嘴巴——光会学人嘴

壁上种灯草——白费劲

壁上的耕牛——离（犁）不得

箍桶请石匠——找错了人

箍桶匠的本领——成人方圆

箍桶匠修撮箕——份外事

罐里的螃蟹——横行不开了

罐里捉王八——跑不了

罐子里捣蒜——一锤子买卖

罐子里发豆芽——没一根伸展的

罐子里掏虾米——抓瞎（虾）

罐子里栽花——活不长

鲤鱼跳龙门——碰碰运气

鲤鱼吞秤砣——铁了心

鲤鱼戴斗笠——愚人

鲤鱼碰网——自取灭亡

鲤鱼跳到渔船上——寻死

鲤鱼下油锅——死不瞑目

鲤鱼找鲤鱼，鲫鱼找鲫鱼——物以类聚

爆米花沏茶——泡汤了

爆竹脾气——一点就着，又说点火就着

懒婆娘坐轿——愿上不愿下

懒婆娘的裹脚布——又长又臭

懒婆娘的针线筐——乱七八糟

懒鸡婆抱窝——守着摊儿过

懒木匠的锯子——不错（锉）

懒人的铺盖——不理

懒驴上磨——屎尿多

懒牛懒马——屎尿多

懒厨子做席——不想和你吵（炒）

癞蛤蟆上樱桃树——尽想高味

癞蛤蟆不长毛——天生这路种

癞蛤蟆上餐桌——尽遇到败兴

癞蛤蟆请客——四眼相顾

癞蛤蟆的脊梁——点子多

癞蛤蟆爬香炉——碰一鼻子灰

癞蛤蟆敲大鼓——自吹自擂

癞蛤蟆吃骰子——一肚子点子

癞蛤蟆带娃娃——只讲个数

癞蛤蟆剥皮不闭眼——还想蹦跶几下

癞蛤蟆打哈欠——好大的口气

癞蛤蟆跳到秤盘上——自称自

癞蛤蟆穿大红袍——只可远观，不能近瞧

癞蛤蟆打哈哈——好大的口气

癞蛤蟆生蝎子——一窝更比一窝毒

癞蛤蟆上蒸笼——气鼓气胀

癞蛤蟆想吃天鹅肉——痴心妄想，又说死了这份心

癞蛤蟆吃苍蝇——前合后仰

癞蛤蟆打鼓——自吹自擂

癞蛤蟆跳进烟囱里——不死也要脱层皮

癞子的脑壳——没法（发）

癞子的脑袋——不好提（剃）

癞皮狗上轿——招摇撞骗

熟透了的柿子——弄了个大红脸

熟透了的石榴——咧开了嘴

熟透了的石榴——合不拢嘴，又说咧开了嘴

熟透的莲藕——心眼儿多

熟透的桑葚——红得发紫

糖葫芦蘸蜜——甜上加甜

糖饼回榨——油水不大

糖缸里的生姜——外甜里辣

糖罐里种西瓜——甜水里生，甜水里长

糯米包饺子——一捏就成

糯米菩萨——黏糊的

糯米汤丸——又圆又滑

糯米粑粑——软货

糯米粑粑——黏手黏脚

糯米粑掉在地上——不可收拾

糯米糍粑粘了喉——吞又吞不下，吐又吐不出

糯米团掉进芝麻缸里——浑身都是点子

糯米团滚芝麻——多少粘一点

灌血的猪头——面红耳赤